중식·일식
조리기능사 실기
한권합격

중식·일식조리기능사 / 머리말

합격의 공식 온라인 강의

잠깐! 혼자 공부하기 힘드시다면 방법이 있습니다.
SD에듀의 동영상강의를 이용하시면 됩니다.
www.edusd.co.kr/sidaeplus ➜ 회원가입(로그인) ➜ 강의 살펴보기

▶ 여는 글

전문인으로 인정받는
조리사의 길로 안내합니다.

현대에는 과학의 발전과 더불어 우리의 식생활도 변하고 있습니다. 글로벌이라는 이름과 함께 세계화가 진전되면서 외국과의 교류도 활발해지고 있습니다. 여기에 발맞춰 다른 나라의 식문화에 대한 호기심 또한 커지면서 좀 더 맛있고, 좀 더 멋스러운 음식을 찾아 여행하는 사람들이 늘어나고 있습니다. 이미 많은 종류의 외국 음식들이 우리 식생활의 일부가 되어 식문화 발전에 기여하고 있습니다.

또한 외식산업이 성장하면서 외식산업과 관련된 종사자의 수가 급속히 증가하였으며 외식산업의 다양화, 고급화로 조리사는 21세기 유망 직종으로 각광받고 있습니다.

한국산업인력공단에서 실시하고 있는 국가기술자격검정을 통해 자격증을 취득하면 보다 전문적이고 인정받는 조리사의 길로 한걸음 더 다가갈 수 있습니다.

본 교재는 중식·일식조리기능사를 취득하고자 하는 수험생들을 위하여 한국산업인력공단의 검정기준에 맞추어 내용을 구성하여 만들었습니다.

중식·일식조리기능사 과제 메뉴 모두를 과정별 컬러화보로 구성하여 이해도를 높였으며, 조리에 대한 자세한 설명과 노하우를 동영상에 담아 혼자서도 충분히 실습이 가능하도록 하였습니다.

이 책을 통해 공부한 수험자 모든 분들이 합격하여 희망하는 분야에서 전문인으로 성장하기 바라며 앞으로 변화하는 부분과 부족한 부분은 수정·보완해 나가도록 최선을 다하겠습니다.

끝으로 어려운 여건 하에서도 출판을 허락하여 주신 회장님 이하 편집부 임직원 여러분께도 감사드립니다. 그리고 조리 진행에 도움을 주신 촬영 연구원들에게도 고마움을 전합니다.

저자 **배은자**

중식 CHINESE FOOD

오징어냉채 024	새우케찹볶음 028	탕수육 032	난자완스 036
깐풍기 040	양장피잡채 044	고추잡채 048	채소볶음 052
마파두부 056	홍쇼두부 060	빠스옥수수 064	해파리냉채 068
라조기 072	빠스고구마 076	부추잡채 080	경장육사 084
유니짜장면 088	울면 092	탕수생선살 096	새우볶음밥 100

일식 JAPANESE FOOD

갑오징어 명란무침
106

김초밥
110

달걀찜
114

도미머리 맑은국
118

도미조림
122

문어초회
126

삼치 소금구이
130

생선초밥
134

소고기 간장구이
138

소고기 덮밥
142

도미술찜
146

대합 맑은국
150

참치 김초밥
154

해삼초회
158

된장국
162

달걀말이
166

우동볶음(야끼우동)
170

메밀국수(자루소바)
174

전복버터구이
178

• 5 •

중식·일식조리기능사 실기시험 안내

실기시험 접수 안내

1. 실기시험 대상자
- 필기시험 합격자
- 국가기술자격법 시행규칙 제18조에 따른 필기시험 면제 대상자(자세한 사항은 공단 지역본부 및 지사로 문의)

2. 원서 접수
- 접수방법 : 인터넷 접수(www.q-net.or.kr)
- 회별 접수기간 별도 지정
- 원서접수 시간 : 회별 원서 접수 첫날 10:00부터 마지막 날 18:00까지

3. 검정 수수료
- 중식 : 28,500원
- 일식 : 30,800원

※ 금액은 변경될 수 있습니다.

4. 실기시험 시행
- 월별, 회별 시행지역 및 시행종목은 지역별 시험장 여건 및 응시 예상인원을 고려하여 소속기관별로 조정하여 시행
- 상시검정 실기 시험시간은 수험인원 및 시험장 상황을 고려하여 소속기관별, 시험장별로 별도 지정함(수험자 전원이 응시하고, 수험자 교육이 완료되면 곧바로 시험 시작 가능)

5. 기타 유의사항
- 공단 인정 신분증 미지참자는 당해 시험 정지(퇴실) 및 무효처리
- 코로나19 감염 확산 방지 관련 검정 대응 지침에 따라 시험 진행
- 채점기준(비공개)에 의거 현장에서 채점

6. 합격자 발표
- 발표일자 : 회별 발표일 별도 지정
- 큐넷 홈페이지(www.q-net.or.kr)에서 로그인 후 확인
- ARS 자동응답전화(☎ 1666-0100)로 확인

실기시험의 진행방법

1. 수험자는 자신의 수험번호와 시험날짜 및 시간, 장소를 정확히 확인하여 지정된 시간 30분 전에 시험장에 도착한다.
2. 수험자 대기실에서 조리복으로 갈아입고 기다린다.
3. 출석을 확인한 후 등번호를 배정받고 감독위원의 지시에 따라 시험장에 입실한다.
4. 배정받은 등번호에 지정된 조리대에 준비되어 있는 조리기구와 수험자 준비물을 정리정돈하고 차분한 마음으로 시험을 준비한다.
5. 재료를 지급받으면 지급재료 목록표와 차이가 없는지 확인하고, 차이가 있으면 시험위원에게 알려 시험이 시작되기 전에 조치를 받도록 한다.
6. 수험자 요구사항을 충분히 숙지하여 정해진 시간 내에 지정된 조리작품을 만들어 내도록 한다.

수험자 주의사항

1. 시험 전날 준비사항
- 수험자는 시험일정이 정해지면 준비물을 꼼꼼히 준비한다.
- 준비할 조리기구는 조리책 안의 내용물을 참고한다.
- 냄비는 시험장에 제출하는 양이 한 컵 기준이므로 지름 18cm가 적당하다.
- 준비물에 없는 꼬치 여유분, 밀가루 반죽 시 사용할 위생봉투도 준비한다.
- 장신구(시계, 반지, 팔찌) 등의 착용과 매니큐어의 사용을 금하며, 위생복은 미리 깨끗하게 준비한다.

2. 시험 당일
- 수험자는 자신의 수험번호와 시험날짜 및 시간, 장소를 확인하여 지정된 시간 30분 전에 시험장에 도착하여 위생복과 위생모, 앞치마를 착용하고 기다린다.
- 출석을 확인한 후 등번호를 배정받고 감독위원의 지시에 따라 시험장에 입실한다.

3. 시험장에서의 주의사항

- 배정받은 등번호에 지정된 조리대에 조리기구와 수험자 준비물을 정리하고 감독위원의 지시에 따른다.
- 지급재료 목록표와 지급받은 재료가 차이가 없는지 확인하여 차이가 있으면 시험위원에게 알려 시험이 시작되기 전에 조치를 받도록 한다.
- 조리기구 사용 시 안전에 유념하고, 특히 손을 다쳤을 경우에는 바로 감독위원에게 알려 조치를 취한다. 시험 점수에는 관계가 없다.
- 지급된 재료는 추가 지급되지 않는다.
- 제시하는 작품은 두 가지로, 정해진 시간 내에 제출해야 점수를 받을 수 있다.
- 가스불은 하나만 사용하기 때문에 작품 두 가지를 시간 내에 완성하려면 무엇을 먼저 할 것인지 생각한다.
- 시험장에서 가장 주의할 점은 불을 놀리지 말아야 한다는 것이다.
- 작품이 완성되면 요구사항을 확인하고, 지급재료 이외의 재료가 들어갔는지 다시 한번 확인한 후 감독위원이 지시하는 장소로 신속히 제출한다.
- 작품 제출 후에 본인의 조리 작업대를 깨끗이 청소하고 조리기구를 정리정돈한 후 감독위원의 지시에 따라 퇴장한다.

> **알아두기**
> 1. 시험장에 따라 지급재료가 다소 다를 수 있다. 이때 지급된 재료만 사용하여 요리한다.
> 2. 재료를 준비하는 순서는 유동적이어서, 본 책과 동영상의 순서가 다소 다르므로 유의한다.
> 3. 실기시험은 평소 연습을 많이 하여 도구 사용에 익숙해지도록 하며, 시간을 최대한 단축시켜야 실수를 줄일 수 있다.

수험자 지참 준비물(중식)

재료명	규격	단위	수량	비고
가위	-	개	1	-
계량스푼	-	개	1	-
계량컵	-	개	1	-
국대접	기타 유사품 포함	개	1	-
국자	-	개	1	-
냄비	-	개	1	시험장에도 준비되어 있음
도마	흰색 또는 나무도마	개	1	
뒤집개	-	개	1	-
랩	-	개	1	-
마스크	-	개	1	착용하지 않을 경우 채점대상에서 제외(실격)
면포/행주	흰색	장	1	-
밥공기	-	개	1	-
볼(Bowl)	-	개	1	-
비닐백	위생백, 비닐봉지 등 유사품 포함	장	1	-
상비의약품	손가락골무, 밴드 등	개	1	-
쇠조리(혹은 체)	-	개	1	-
숟가락	차스푼 등 유사품 포함	개	1	-
앞치마	흰색(남녀 공용)	개	1	
위생모	흰색	개	1	착용하지 않을 경우 채점대상에서 제외(실격)
위생복	• 상의 : 흰색, 긴소매 • 하의 : 긴바지(색상 무관)	벌	1	
위생타월	키친타월, 휴지 등 유사품 포함	장	1	-
이쑤시개	산적꼬치 등 유사품 포함	개	1	-
접시	양념접시 등 유사품 포함	개	1	-
젓가락	-	개	1	-
종이컵	-	개	1	-
종지	-	개	1	-
주걱	-	개	1	-
집게	-	개	1	-
칼	조리용 칼, 칼집 포함	개	1	-
호일	-	개	1	-
프라이팬	-	개	1	시험장에도 준비되어 있음

※ 지참 준비물의 수량은 최소 필요수량이므로 필요시 추가 지참 가능하며, 준비물은 기관명, 이름 등 표시가 없는 것이어야 합니다.
준비물 목록은 시행처의 사정에 따라 변경될 수 있으므로 기타 자세한 사항은 큐넷 홈페이지를 참고하시길 바랍니다.

수험자 지참 준비물(일식)

재료명	규격	단위	수량	비고
가위	-	개	1	-
강판	-	개	1	-
계량스푼	-	개	1	-
계량컵	-	개	1	-
국대접	기타 유사품 포함	개	1	-
국자	-	개	1	-
김발	-	개	1	-
냄비	-	개	1	시험장에도 준비되어 있음
달걀말이용 후라이팬	사각	개	1	
도마	흰색 또는 나무도마	개	1	시험장에도 준비되어 있음
뒤집개	-	개	1	
랩	-	개	1	-
마스크	-	개	1	착용하지 않을 경우 채점대상에서 제외(실격)
면포/행주	흰색	장	1	-
밥공기		개	1	
볼(Bowl)	-	개	1	
비닐백	위생백, 비닐봉지 등 유사품 포함	장	1	-
상비의약품	손가락골무, 밴드 등	개	1	
쇠꼬치(쇠꼬챙이)	생선구이용	개	2	
쇠조리(혹은 체)	-	개	1	
숟가락	차스푼 등 유사품 포함	개	1	-
앞치마	흰색(남녀 공용)	개	1	
위생모	흰색	개	1	착용하지 않을 경우 채점대상에서 제외(실격)
위생복	• 상의 : 흰색, 긴소매 • 하의 : 긴바지(색상 무관)	벌	1	
위생타월	키친타월, 휴지 등 유사품 포함	장	1	-
이쑤시개	산적꼬치 등 유사품 포함	개	1	-
접시	양념접시 등 유사품 포함	개	1	-
젓가락	-	개	1	
종이컵	-	개	1	
종지	-	개	1	
주걱	-	개	1	
집게	-	개	1	-
칼	조리용 칼, 칼집 포함	개	1	-
호일	-	개	1	
프라이팬	-	개	1	시험장에도 준비되어 있음

※ 지참 준비물의 수량은 최소 필요수량이므로 필요시 추가 지참 가능하며, 준비물은 기관명, 이름 등 표시가 없는 것이어야 합니다. 준비물 목록은 시행처의 사정에 따라 변경될 수 있으므로 기타 자세한 사항은 큐넷 홈페이지를 참고하시길 바랍니다.

중국요리 (CHINESE FOOD)

1. 중국요리의 개요

중국은 5,000년이라는 역사와 광대한 토지를 갖고 있는 나라로서, 한족을 포함해 56개 민족으로 구성되어 있다. 중국요리의 가장 큰 특징은 음식재료가 무궁무진하다는 것이다. 중국요리의 식재료는 한마디로 표현할 수 없을 정도로 종류도 많고 풍부한 것으로 유명하다.

중국요리는 역사와 지역적 특성에 따라 크게 북경요리(北京料理), 상해요리(上海料理), 광동요리(廣東料理), 사천요리(四川料理) 등 네 가지로 나눌 수 있다.

▶ **중국요리의 특징**

1. 재료의 종류가 다양하여 음식 선택이 자유롭고 그 범위가 매우 넓다.
2. 단맛, 신맛, 매콤한 맛, 짠맛, 쓴맛 등의 오미를 갖추어 다양한 맛을 낸다.
3. 마른 재료를 사계절에 따라 적절히 사용한다.
4. 조리기구가 간단하고 사용이 간편하다.
5. 향신료의 종류가 많으며 향신료를 효과적으로 이용한다.
6. 기름의 사용법이 합리적이고 독특하다.

▶ **중국요리의 식탁**

1. 식탁은 정찬의 경우 8~10명 정도 둘러앉을 수 있는 원탁으로 준비하고 흰색 테이블보를 덮는다.
2. 화려한 상차림일 경우는 빨간색과 금색을 사용하여 테이블을 코디할 수 있다.
3. 식기는 귀한 손님일 경우 은기나 금기를 사용하고, 보통은 도자기를 사용한다.
4. 중국요리는 대부분 일품으로 내기 때문에 반드시 개인 접시를 준비해 각자 덜어 먹을 수 있게 한다. 또 여러 종류의 요리가 나오므로 접시를 넉넉히 준비하는 게 좋다.
5. 간장, 식초, 겨자, 라유 등의 기본 조미료는 테이블 중앙에 놓아 두어 손쉽게 사용할 수 있게 한다.
6. 수많은 재료와 향신료로 만든 중국요리는 화려한 것이 특징이다. 중국 그릇 역시 색상과 문양이 화려하여 그 자체만으로도 화려한 느낌이 든다.
7. 근래에는 정통 중국음식보다 퓨전음식이 발달하여 깔끔한 흰 접시를 사용하며, 국제화 시대의 매너로 젓가락과 나이프를 같이 놓는다.

▲ 서울푸드테이블웨어 테이블세팅
(단체상을 수상한 저자의 모습)

▲ 중국의 상차림
(서울푸드테이블웨어 테이블세팅 수상작)

▲ 중국의 상차림 일부

2. 중국요리의 기본 조리 용어

煎(찌앤)	이미 처리된 재료를 센 불의 기름에서 지지는 것을 말한다.
蒸(쯩)	수증기를 이용하여 익히는 조리방법이다.
炸(짜)	넉넉한 기름에 튀기는 방법이다.
淸炸(칭짜)	재료에 옷을 입히지 않고 그대로 튀기는 방법이다.
乾炸(치앤짜)	튀김옷을 입혀 튀긴 것을 말한다.
炒(챠오)	중국요리에서 가장 많이 사용되는 조리법으로 이미 처리된 재료를 센 불에서 단시간에 볶는 방법이다.
燉(둔)	국물을 충분히 붓고 약한 불에서 푹 삶는 방법이다.
溜(리우)	전분을 풀어 걸쭉하게 하는 방법을 말한다.
爆(빠오)	재료를 센 불에서 재빨리 조미하고 볶는 조리법이다.
烹(펑)	이미 익힌 재료를 부재료와 조미료를 넣고 다시 물기 없이 졸이는 방법이다.
拌(빤)	재료에 각종 조미료를 넣고 혼합하여 골고루 섞는 조리법이다.
燒(샤오)	찌고, 굽고, 튀기고, 지지고, 가열해서 조리는 것이다.

3. 써는 방법에 따른 명칭

 絲(쓰) : 재료를 가늘게 채 써는 것을 말한다.

 片(피앤) : 재료를 얇게 포 뜨듯이 써는 방법이다.

 丁(띵) : 정육면체의 주사위 모양으로 써는 방법이다.

 塊(콰이) : 조리 재료를 2.5cm 정도의 크기로 마구 썰기하는 것이다.

 條(티아오) : 사방 0.5cm, 길이는 5cm 크기의 소독저 모양으로 썬다.

 沫(모) : 잘게 다진 것을 말한다.

 粒(리) : 條(티아오)나 絲(쓰)의 모양으로 썬 후 정사각형의 입자 모양으로 썬다.

 松(쏭) : 0.5cm 크기로 잘게 썬다.

 細末(시모) : 沫(모)보다 더 잘게 썬다.

4. 중국요리의 기본 향신료와 조미료

중국요리를 조리하는 데 있어서 향신료는 향(香)을 내기 위하여 사용하는 것과 나쁜 냄새를 없애고 조화를 이루기 위해 사용하는 것으로 나눌 수 있다.

고추기름 : 고추를 식용유와 함께 가열하여 매운맛 성분을 추출해 낸 조미료이다.

굴소스 : 생굴을 소금에 절여 발효시킨 조미료로 볶음 요리 등에 다양하게 이용된다.

노두유 : 색깔이 진한 간장을 말하며 노두·노추라고도 하며, 맛은 약간 달고 짠맛이 덜하다.

전분 : 고구마, 감자, 옥수수 등을 이용하여 만든 가루로 중식에서는 특히 감자전분을 많이 사용한다.

두반장 : 잠두콩을 원료로 하여 고추 등 여러 가지 향신료를 섞어 만든 것이다. 사천요리에 많이 쓰인다.

목이버섯 : 부드럽고 쫄깃한 맛과 검은 색깔로 시각적인 면에서 즐길 수 있는 식품이다.

생강 : 양념으로 다지거나 채를 썰거나 즙을 내어 사용하기도 한다.

 **청주** : 고기나 생선의 냄새를 없애는 데 사용한다.

 **정향** : 인도네시아가 원산지이며 열대식물의 덜 익은 꽃봉오리를 따서 건조시킨 것이다.

 **중국부추** : 중국요리의 튀김이나 볶음 등에 많이 이용되며 조선부추에 비하여 길이가 길고 두툼하다.

 **참기름** : 참깨를 볶아 만든 기름으로 고소한 맛이 나며 한국요리 및 일본요리에도 많이 이용된다.

 **식초** : 각종 원료를 사용하여 미생물에 의한 알코올 발효 및 초산에 의해 만들어진다. 신맛과 독특한 풍미를 지닌다.

 **통후추** : 열매가 덜 익었을 때 따서 껍질이 검은색으로 변할 때까지 말린 것이다.

 **팔각** : 오향의 주원료로 별 모양의 8각으로 되어 있다.

5. 중국요리의 일반 재료 용어

▶ 육류 및 난류, 어패류
- 豚肉(툰로우) : 돼지고기
- 羊肉(양로우) : 양고기
- 鴨肉(야로우) : 오리고기
- 海蔘(하이쓴) : 해삼
- 蝦(샤) : 새우
- 墨魚(모위) : 오징어
- 牛肉(니우로우) : 소고기
- 鷄肉(찌로우) : 닭고기
- 鷄蛋(찌단) : 달걀
- 鮑魚(빠우위) : 전복
- 明蝦(밍샤) : 왕새우
- 黃魚(황위) : 조기

▶ 채소류, 과실류
- 白菜(바이차이) : 배추
- 豆芽菜(또야차이) : 콩나물
- 洋蔥(양총) : 양파
- 土豆(투또우) : 감자
- 地瓜(띠꽈) : 고구마
- 松茸(쏭롱) : 송이버섯
- 竹筍(쭈쑨) : 죽순
- 蒜(쏸) : 마늘
- 大蔥(따총) : 대파
- 胡蘿卜(후루오보) : 당근
- 木耳(무얼) : 목이버섯
- 靑椒(칭찌아오) : 피망(청고추)
- 紅椒(훙찌아오) : 홍고추
- 蘭花(란화) : 모란채
- 南瓜(난꽈) : 호박
- 冬茹(동꾸) : 표고버섯
- 韭菜(찌우차이) : 부추
- 芝麻(쯔마) : 참깨
- 薑(찌앙) : 생강
- 靑菜(칭차이) : 푸른채소
- 蘿卜(루오보) : 무
- 銀耳(인얼) : 은이버섯

6. 기본 재료 다루기

▶ 닭육수 만들기

재료 : 노계(닭) 1마리, 닭발 2kg, 양파 1개, 대파 2대, 생강 40g, 물 15~20L 정도

1. 닭은 내장과 기름을 제거하여 깨끗이 씻고, 닭발도 손질하여 끓는 물에 데친다.
2. 양파와 대파는 손질하여 큼직하게 썰고, 생강은 껍질을 벗겨 저며 썬다.
3. 냄비에 물을 넉넉히 붓고 데친 노계, 닭발, 양파, 대파, 생강을 넣어 뚜껑을 열고 끓인다.
4. 육수가 끓으면 위에 떠오르는 불순물과 거품을 제거하고 약불에서 은근하게 푹 끓인다.
5. 육수가 우러나면 소창에 받쳐 맑은 국물을 받는다.

▶ 물녹말, 불린 녹말(된녹말) 만들기

재료 : 물, 녹말

〈물녹말 만들기〉
물녹말은 녹말가루와 물을 1 : 1(2) 비율로 넣고 고루 잘 섞어 만든다.

〈불린 녹말 만들기〉
1. 녹말가루에 물을 붓고 잘 섞어 녹말을 가라앉힌다. 녹말가루가 완전히 가라앉으면 맑은 윗물이 나온다.
2. 윗물을 따라낸 뒤 아래에 남은 앙금이 불린 녹말(된녹말)이다.
3. 완전히 불린 녹말을 얻으려면 100% 감자전분을 사용해야 한다.
4. 튀김옷으로 불린 녹말을 쓰면 튀김옷이 쫄깃하고 바삭하다.

▶ 고추기름 만들기

재료 : 고춧가루 2큰술, 식용유 3~4큰술

1. 팬에 식용유를 붓고 고춧가루를 넣는다.
2. 기름이 바글바글 끓으면서 고춧가루가 검게 변하면 불을 끈다.
3. 키친타월이나 면보에 걸러 사용한다.

▶ 파기름 만들기

재료 : 대파 2대, 양파 1개, 생강 1쪽, 식용유 4컵

1. 대파와 양파는 껍질과 물기를 제거하여 큼직하게 썰고 생강은 저며 썬다.
2. 팬에 기름을 넉넉히 붓고 대파, 양파, 생강을 넣어 끓인다.
3. 파가 진한 갈색이 날 때까지 뭉근하게 끓여 체에 거른다. 육류나 해물요리 등에 이용하면 감칠맛을 주고 향이 좋다.

▶ 겨자소스 만들기

재료 : 겨자가루 1큰술, 따끈한 물 1큰술, 소스양념(설탕·식초 각 2큰술씩, 소금 1작은술)

1. 그릇에 겨자가루와 같은 양의 따끈한 물(50~70℃)을 넣고 잘 섞어 뚜껑을 덮거나 엎어서 따뜻한 곳에서 발효시킨다.
2. 발효시킨 겨자에 분량의 양념을 넣어 겨자소스를 만든다.

▶ 기름에 데치기

1. 밑간한 재료를 튀김온도가 아닌 100℃ 정도의 기름에서 익히는 것을 "기름에 데친다" 또는 "유통한다"고 표현한다.
2. 밑간한 고기에 녹말가루를 조금 넣어 버무린다.
3. 재료의 두 배 정도의 기름을 넣고, 끓으면 데친다.
4. 기름온도가 높거나 녹말가루가 많으면 튀김처럼 된다.

▶ 건해삼 불리기

1. 건해삼은 깨끗이 씻어 하루 정도 물에 담가둔다.
2. 다음날 끓는 물에 뚜껑을 열고 끓여 그대로 식힌다. 끓이고 식히기를 두세 번 반복한다.
3. 해삼이 불려지면 내장을 제거하고 다시 1.~2.를 3회 정도 반복한 후 깨끗한 물로 씻어 사용한다.

일본요리 (JAPANESE FOOD)

1. 일본요리의 기본

▶ 일본요리의 개요

일본은 동북아시아에 위치한 해양성 기후의 섬나라로, 바다로 둘러싸인 지리적 조건과 사계절의 변화가 뚜렷한 환경적 요인에 의해 해산물 요리와 계절에 알맞은 다양한 재료들을 이용한 계절적 요리 그리고 여러 행사요리, 전통요리 등이 발달하였다.

재료 자체의 맛을 최대한 살릴 수 있도록 요리를 담는 그릇, 즉 도자기나 칠기, 대나무, 유리 등 그릇과 음식의 조화도 중시한다. 따라서 일본요리는 신선도와 한발 앞선 계절감 및 음식의 맛과 색, 조화 등을 중요시하는 요리라 할 수 있다.

▶ 일본요리의 특징

1. 일식은 눈으로 먹는다고 할 만큼 색깔의 조화를 중요시한다.
2. 가능한 한 조미료를 사용하지 않고 재료 자체의 맛을 최대한 살리면서 한발 앞선 계절감으로 먹는 사람으로 하여금 계절의 흐름을 느낄 수 있도록 한다.
3. 하늘, 바다, 들과 강 등에서 나는 재료들을 골고루 배합하여 영양의 균형을 맞추어 조리하는 것이 기본이다. 자연의 맛과 멋을 최대한 살릴 수 있는 조리법을 선택한다.
4. 요리를 그릇에 담을 때도 비교적 요리의 양이 적으며 섬세하고, 그릇에 가득 차게 담지 않고 공간이 넉넉하게 담는다.

▶ 일본요리의 기본

일본요리는 다섯 가지 색(五色), 다섯 가지 맛(五味), 다섯 가지 방법(五法) 등을 기초로 하여 만든다.
1. 오색(五色) : 흰색, 검은색, 노란색, 빨간색, 청색
2. 오미(五味) : 단맛, 짠맛, 신맛, 쓴맛, 매운맛
3. 오법(五法) : 생것, 조림, 구이, 찜, 튀김

2. 일본요리의 기본 조미료와 향신료

▶ 조미료

1. 된장(미소)
   - 대두를 쪄서 부순 콩에 코오지(누룩)와 소금을 섞어 발효시킨 것을 말한다. 코오지의 종류는 고메미소(쌀된장), 보리된장, 콩된장으로 나누어진다.
   - 된장은 색에 따라 크게 2종류로 나누며, 붉은 된장(아카미소)과 흰 된장(시로미소)은 각각의 맛이 조금씩 다르다.
2. 간장(쇼유) : 음식의 간을 맞추는 기본 양념의 하나로, 진간장(고이구치쇼유, 생선조림용), 연간장(우스구치쇼유, 색이 엷고 짜며 국물요리나 우동다시 등에 사용), 백간장(시로쇼유, 재료의 풍미를 살리는 요리에 적합), 다마리간장(다마리쇼유, 독특한 향과 진한 맛을 지니며 조림요리에 사용) 등이 있다.
3. 미림(맛술) : 찐 찹쌀에 소주와 누룩을 넣고 버무려 당화시켜 만든 달콤한 요리술로, 요리에 부드러운 맛과 감칠맛을 더한다. 단맛은 설탕보다 고급이다.
4. 소금(시오) : 염화나트륨이 주성분으로 다른 물질에 없는 짠맛을 가지고 있다.
5. 식초(스)

▶ 향신료

1. 와사비
2. 산초
3. 겨자(가라시)
4. 생강
5. 시소 : 붉은색과 청색이 있으며 붉은색 시소는 우메보시(매실절임)에 사용하고, 청색은 튀김이나 양념에 사용한다.

▶ 조미료의 사용 순서

일본요리에는 조미료를 사용하는 순서가 정해져 있다. さ, し, す, せ, そ(사시스세소)가 바로 그것이다.
1. さ의 설탕은 열을 가해도 맛의 변화가 별로 없기 때문에 먼저 사용한다.
2. し의 소금은 설탕보다 먼저 사용하면 재료의 표면이 단단해져 재료의 속까지 맛이 스며들지 않는다. 소금 역시 열에 변화가 없지만, 일단 맛이 들면 그 맛을 바꾸기가 힘들기 때문에 설탕 뒤에 사용한다.
3. す의 식초는 다른 조미료와 합쳐졌을 경우 맛이 증가하기 때문에 나중에 넣어 식초의 맛을 조절한다.
4. せ의 간장은 색깔, 맛, 향기를 중요시하며, 재료의 색깔에 따라 국간장과 진간장을 선택하여 사용한다.
5. そ의 된장은 그 자체가 지니고 있는 풍미를 맛보기 위한 것이므로 너무 빨리 넣으면 풍미가 달아나 버린다.

3. 기본 재료 다루기

곤부(다시마)다시 : 가쓰오부시(가다랑어포)를 넣지 않는 다시물이다. 찬물에 곤부(다시마)를 넣고 끓기 전에 불을 끄고 다시마를 건져내어 사용한다.

가쓰오(1번다시) : 찬물에 다시마의 불순물을 털어서 넣고 끓기 직전에 다시마를 건져낸다. 가쓰오부시(가다랑어포)를 넣고 약 5분 후에 체나 면보에 걸러 사용한다.

야쿠미와 지리스 : 냄비요리나 찜에 곁들여지는 소스를 말한다.
- 야쿠미(양념) : 튀김이나 초회에 곁들여 먹을 수 있는 새콤한 채소를 말한다. 강판에 갈은 무를 1~2회 물에 헹구어 살짝 짜서 고운 고춧가루를 섞어서 사용하는 아까오로시(혹은 모미지오로시), 썬 실파, 레몬 등 세 가지를 야쿠미(양념)라고 한다.
- 지리스(혹은 폰스) : 다시물 1큰술, 간장 1큰술, 식초 1큰술의 비율로 만든다.

자바라규리(오이뱀 모양 만들기) : 오이의 가시를 칼로 제거한 후 칼을 비스듬히 하고, 행주나 젓가락을 오이 뒤쪽에 넣어 칼을 약간 세워서 간격을 촘촘하게 썬다. 반대편도 같은 방법으로 썰어도 되고, 돌려서 반대편의 앞뒤를 바꾸게 해서 썰어도 된다. 소금에 한동안 절여서 찬물에 헹구어 촛물에 넣고 담가 사용한다.

오리발 : 레몬을 왼손으로 잡고 칼잡이 끝면의 날로 깊이 넣어서 밀고 당기고 하여 모양을 완성한다. 잘 되지 않을 경우에는 레몬껍질을 벗겨서 도마 위에 올려놓고 마름모꼴로 잘라 넓은 쪽에 칼집을 톱니바퀴 모양으로 오려낸다.

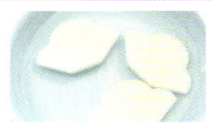
무 은행잎 : 무를 삼각형으로 잘라 가운데에서 양쪽으로 칼집을 내어 타원형으로 2개를 만든다.

오이 왕관 : 오이의 속살을 잘라내고 긴 직사각형으로 만들어 칼집을 긴 직사각형 안에서 길게 3개를 내어 안쪽으로 2개만 구부려 넣는다.

당근 매화꽃 : 당근을 오각이나 육각으로 만든 다음 위쪽의 면을 날려 칼로 중앙에서 5~6선을 그은 다음 모양 있게 옆에서 고랑을 파고, 윗면은 칼을 비스듬히 하여 위에서 옆으로 사선으로 자른 다음 다듬어서 사용한다.

당근 나비 : 당근을 다듬어 긴 삼각형으로 만든 다음(한쪽 면을 길게 한다) 긴 면의 중간 위쪽과 아래쪽을 톱니 모양으로 깎아낸 후 세워서 얇게 거의 끝까지 밑으로 칼집을 낸 후 또 한 번 얇게 옆면을 자른다. 긴 삼각형의 톱니면이 아닌 직선면에 중간 윗부분에서 거의 밑부분까지 약간 곡선지게 칼집을 낸다. 바로 옆에는 중간 아랫부분에서 밑의 끝까지 칼집을 낸 후 손으로 잡아서 살짝 안으로 밀어 넣으면 나비가 완성된다.

CRAFTSMAN COOK CHINESE FOOD
중식조리기능사

오징어냉채 • 새우케찹볶음 • 탕수육 • 난자완스 • 깐풍기
양장피잡채 • 고추잡채 • 채소볶음 • 마파두부 • 홍쇼두부
빠스옥수수 • 해파리냉채 • 라조기 • 빠스고구마 • 부추잡채
경장육사 • 유니짜장면 • 울면 • 탕수생선살 • 새우볶음밥

합격을 위한 선택!
시대 Plus+와 함께하는 무료 동영상 강의 수강방법
1. www.edusd.co.kr/sidaeplus 접속 → 회원가입 → 로그인
2. 자격증 → 기능사/산업기사 → 조리기능사 카테고리 클릭
3. 강의목록 클릭 후 원하는 강의 수강

오징어냉채
(涼拌墨魚, 량반모위)
20분

요구사항

주어진 재료를 사용하여 오징어냉채를 만드시오.

1. 오징어 몸살은 종횡으로 칼집을 내어 3~4cm로 썰어 데쳐서 사용하시오.
2. 오이는 얇게 3cm 편으로 썰어 사용하시오.
3. 겨자를 숙성시킨 후 소스를 만드시오.

지급 재료

겨자 20g, 오이(20cm) 1/3개, 식초 30mL, 흰설탕 15g, 소금 2g,
참기름 5mL, 갑오징어살(오징어 대체 가능) 100g

겨자소스
발효시킨 겨자 1작은술
설탕 2큰술
소금 1/3~1/2작은술
식초 2~3큰술
참기름 약간

수험자 유의사항

1. 만드는 순서에 유의하며, 위생과 숙련된 기능평가를 위하여 조리작업 시 맛을 보지 않습니다.
2. 지정된 수험자 지참 준비물 이외의 조리기구나 재료를 시험장 내에 지참할 수 없습니다.
3. 지급재료는 시험 전 확인하여 이상이 있을 경우 시험위원으로부터 조치를 받고 시험 중에는 재료의 교환 및 추가지급은 하지 않습니다.
4. 요구사항 및 지급재료의 규격은 "정도"의 의미를 포함하며, 재료의 크기에 따라 가감하여 채점됩니다.
5. 위생복, 위생모, 앞치마, 마스크를 착용하여야 하며, 시험장비, 조리기구 취급 등 안전에 유의합니다.
6. 다음 사항은 실격에 해당하여 **채점 대상에서 제외**됩니다.
    ① 수험자 본인이 시험 도중 시험에 대한 포기 의사를 표현하는 경우
    ② 위생복, 위생모, 앞치마, 마스크를 착용하지 않은 경우
    ③ 시험시간 내에 과제 두 가지를 제출하지 못한 경우
    ④ 문제의 요구사항대로 과제의 수량이 만들어지지 않은 경우
    ⑤ 구이를 조림 등으로 조리하여 완성품을 요구사항과 다르게 만든 경우
    ⑥ 불을 사용하여 만든 조리작품이 작품 특성에 벗어나는 정도로 타거나 익지 않은 경우
    ⑦ 해당 과제의 지급재료 이외 재료를 사용하거나 석쇠 등 요구사항의 조리기구를 사용하지 않은 경우
    ⑧ 지정된 수험자 지참 준비물 이외의 조리기구를 조리에 사용한 경우
    ⑨ 가스레인지 화구 2개 이상(2개 포함) 사용한 경우
    ⑩ 시험 중 시설, 장비(칼, 가스레인지 등) 사용 시 시험위원 및 타수험자의 시험 진행에 위해를 일으킬 것으로 시험위원 전원이 합의하여 판단한 경우
    ⑪ 요구사항에 표시된 실격 및 부정행위에 해당하는 경우
7. 항목별 배점은 위생상태 및 안전관리 5점, 조리기술 30점, 작품의 평가 15점입니다.
8. 시험시작 전 가벼운 몸 풀기(스트레칭) 동작으로 긴장을 풀고 시험을 시작합니다.

만들어 볼까요?

▲ 오이 썰기

▲ 갑오징어 끓는 물에 데치기

1. 냄비에 물을 올린다.
2. 겨자는 따뜻한 물에 개어 발효시킨다.
3. 오이는 깨끗이 씻어 반으로 갈라 얇게 3cm 정도 편으로 썬다.
4. 갑오징어는 내장과 껍질을 벗겨서 내장이 붙어 있던 쪽에 가로 0.2cm 간격으로 잔 칼집을 넣고, 다시 세로 0.5cm 간격으로 칼집을 내어 폭 2cm, 길이 3~4cm 정도로 자른다.

합격 Point!

- 墨魚(모위) : 오징어를 뜻한다.
- 갑오징어는 오래 삶으면 질겨지므로 적당히 삶는다.
- 겨자는 40~50℃ 정도의 따뜻한 물에 개어 발효시킨다. 물의 온도가 차거나 높으면 쓴맛이 강해지기 때문이다.

▲ 재료 손질하기

▲ 겨자소스 끼얹기

5. 갑오징어는 끓는 물에 데친 후 찬물에 넣어 물기를 빼고 식힌다.
6. 발효시킨 겨자는 설탕, 소금, 식초로 간을 하고 참기름을 넣고 향을 내어 겨자소스를 만든다.
7. 갑오징어와 오이를 섞어 완성 그릇에 담고 겨자소스를 고루 끼얹어 낸다.

새우케찹볶음
(茄汁蝦仁, 체즈샤런)
25분

요구사항

주어진 재료를 사용하여 다음과 같이 새우케찹볶음을 만드시오.

1. 새우 내장을 제거하시오.
2. 당근과 양파는 1cm 크기의 사각으로 써시오.

지급 재료

생강 5g, 진간장 15mL, 달걀 1개, 완두콩 10g, 청주 30mL, 당근(길이로 썰어서) 30g, 양파(150g) 1/6개, 소금 2g, 흰설탕 10g, 식용유 800mL, 대파(흰 부분, 6cm) 1토막, 이쑤시개 1개, 토마토케첩 50g, 작은 새우살(내장이 있는 것) 200g, 녹말가루(감자전분) 100g

소스

물 1/2컵
토마토케첩 3큰술
설탕 1큰술
물녹말 약간
소금 약간

수험자 유의사항

1. 만드는 순서에 유의하며, 위생과 숙련된 기능평가를 위하여 조리작업 시 맛을 보지 않습니다.
2. 지정된 수험자 지참 준비물 이외의 조리기구나 재료를 시험장 내에 지참할 수 없습니다.
3. 지급재료는 시험 전 확인하여 이상이 있을 경우 시험위원으로부터 조치를 받고 시험 중에는 재료의 교환 및 추가지급은 하지 않습니다.
4. 요구사항 및 지급재료의 규격은 "정도"의 의미를 포함하며, 재료의 크기에 따라 가감하여 채점됩니다.
5. 위생복, 위생모, 앞치마, 마스크를 착용하여야 하며, 시험장비, 조리기구 취급 등 안전에 유의합니다.
6. 다음 사항은 실격에 해당하여 **채점 대상에서 제외**됩니다.
    ① 수험자 본인이 시험 도중 시험에 대한 포기 의사를 표현하는 경우
    ② 위생복, 위생모, 앞치마, 마스크를 착용하지 않은 경우
    ③ 시험시간 내에 과제 두 가지를 제출하지 못한 경우
    ④ 문제의 요구사항대로 과제의 수량이 만들어지지 않은 경우
    ⑤ 구이를 조림 등으로 조리하여 완성품을 요구사항과 다르게 만든 경우
    ⑥ 불을 사용하여 만든 조리작품이 작품 특성에 벗어나는 정도로 타거나 익지 않은 경우
    ⑦ 해당 과제의 지급재료 이외 재료를 사용하거나 석쇠 등 요구사항의 조리기구를 사용하지 않은 경우
    ⑧ 지정된 수험자 지참 준비물 이외의 조리기구를 조리에 사용한 경우
    ⑨ 가스레인지 화구 2개 이상(2개 포함) 사용한 경우
    ⑩ 시험 중 시설, 장비(칼, 가스레인지 등) 사용 시 시험위원 및 타수험자의 시험 진행에 위해를 일으킬 것으로 시험위원 전원이 합의하여 판단한 경우
    ⑪ 요구사항에 표시된 실격 및 부정행위에 해당하는 경우
7. 항목별 배점은 위생상태 및 안전관리 5점, 조리기술 30점, 작품의 평가 15점입니다.
8. 시험시작 전 가벼운 몸 풀기(스트레칭) 동작으로 긴장을 풀고 시험을 시작합니다.

중식조리기능사

🍴 만들어 볼까요?

▲ 재료 손질하기

▲ 새우 튀기기

1. 새우는 등 쪽의 2번째 마디에서 내장을 빼낸 후 물기를 제거한다.
2. 당근과 양파는 1cm 정도 크기의 편으로 썬다.
3. 대파, 생강도 편으로 썬다.
4. 새우에 달걀, 녹말을 넣고 잘 버무려 160~170℃ 정도의 기름에 바싹 튀긴다.

🍴 합격 Point!

- 시험장에서 새우살이 주어지면 내장을 제거하고 2~3개씩 뭉쳐서 튀긴다(하나씩 튀겨도 상관없다).
- 달걀은 새우에 옷이 입혀질 정도로만 적당량을 사용하고 튀김옷은 쓰러지지 않게 농도를 되직하게 한다.
- 튀김 온도는 튀김옷을 조금 넣어 확인한다.
- 토마토케찹 자체의 농도가 있으므로 녹말가루 농도에 유의한다.

CRAFTSMAN COOK CHINESE FOOD

▲ 채소 볶기   ▲ 튀겨낸 새우에 소스 버무리기

5. 팬을 충분히 달군 후 기름을 두르고 파, 생강을 먼저 볶다가 청주, 간장을 약간 넣어 향을 낸다.
6. 양파, 당근을 넣고 볶은 후 육수를 붓고 토마토케찹, 설탕, 약간의 소금을 넣는다.
7. 6.에 완두콩을 넣고 끓으면 물녹말로 농도를 조절한 후 튀긴 새우를 넣고 버무린다.
8. 완성 접시에 담아낸다.

중식조리기능사

탕수육
(糖醋肉, 탕추로우)
30분

요구사항

주어진 재료를 사용하여 탕수육을 만드시오.

1. 돼지고기는 길이 4cm, 두께 1cm의 긴 사각형 크기로 써시오.
2. 채소는 편으로 써시오.
3. 앙금녹말을 만들어 사용하시오.
4. 소스는 달콤하고 새콤한 맛이 나도록 만들어 돼지고기에 버무려 내시오.

지급 재료

돼지등심(살코기) 200g, 진간장 15mL, 달걀 1개, 식용유 800mL, 청주 15mL, 식초 50mL, 흰설탕 100g, 대파(흰 부분, 6cm) 1토막, 당근 30g, 완두(통조림) 15g, 오이(20cm, 원형으로 지급) 1/4개, 건목이버섯 1개, 양파(150g) 1/4개, 녹말가루(감자전분) 100g

탕수소스

육수 1컵
간장 1큰술
설탕 4큰술
식초 3큰술
물녹말
(녹말 2큰술, 물 2큰술)

수험자 유의사항

1. 만드는 순서에 유의하며, 위생과 숙련된 기능평가를 위하여 조리작업 시 맛을 보지 않습니다.
2. 지정된 수험자 지참 준비물 이외의 조리기구나 재료를 시험장 내에 지참할 수 없습니다.
3. 지급재료는 시험 전 확인하여 이상이 있을 경우 시험위원으로부터 조치를 받고 시험 중에는 재료의 교환 및 추가지급은 하지 않습니다.
4. 요구사항 및 지급재료의 규격은 "정도"의 의미를 포함하며, 재료의 크기에 따라 가감하여 채점됩니다.
5. 위생복, 위생모, 앞치마, 마스크를 착용하여야 하며, 시험장비, 조리기구 취급 등 안전에 유의합니다.
6. 다음 사항은 실격에 해당하여 **채점 대상에서 제외**됩니다.
    ① 수험자 본인이 시험 도중 시험에 대한 포기 의사를 표현하는 경우
    ② 위생복, 위생모, 앞치마, 마스크를 착용하지 않은 경우
    ③ 시험시간 내에 과제 두 가지를 제출하지 못한 경우
    ④ 문제의 요구사항대로 과제의 수량이 만들어지지 않은 경우
    ⑤ 구이를 조림 등으로 조리하여 완성품을 요구사항과 다르게 만든 경우
    ⑥ 불을 사용하여 만든 조리작품이 작품 특성에 벗어나는 정도로 타거나 익지 않은 경우
    ⑦ 해당 과제의 지급재료 이외 재료를 사용하거나 석쇠 등 요구사항의 조리기구를 사용하지 않은 경우
    ⑧ 지정된 수험자 지참 준비물 이외의 조리기구를 조리에 사용한 경우
    ⑨ 가스레인지 화구 2개 이상(2개 포함) 사용한 경우
    ⑩ 시험 중 시설, 장비(칼, 가스레인지 등) 사용 시 시험위원 및 타수험자의 시험 진행에 위해를 일으킬 것으로 시험위원 전원이 합의하여 판단한 경우
    ⑪ 요구사항에 표시된 실격 및 부정행위에 해당하는 경우
7. 항목별 배점은 위생상태 및 안전관리 5점, 조리기술 30점, 작품의 평가 15점입니다.
8. 시험시작 전 가벼운 몸 풀기(스트레칭) 동작으로 긴장을 풀고 시험을 시작합니다.

만들어 볼까요?

▲ 재료 손질하기

▲ 돼지고기 튀기기

1. 냄비에 물을 올려 따끈하게 데워지면 목이버섯을 불리고, 녹말가루에 물을 부어 앙금녹말을 만든다.
2. 돼지고기는 길이 4cm, 두께 1cm 정도의 긴 사각형 크기로 썰어 물기를 닦은 다음 간장과 청주를 약간 넣어 양념한다.
3. 오이, 당근, 양파, 대파는 편으로 썰고, 불린 목이버섯은 물기를 제거한 후 적당한 크기로 뜯어 놓는다.
4. 밑간을 해 놓은 돼지고기에 달걀과 녹말을 넣고 잘 버무려 160~170℃의 기름에 두 번 정도 반복하여 바삭하게 튀겨낸다.

합격 Point!

- 糖醋 : 糖은 사탕 당, 醋는 식초 초로, 글자의 뜻대로 단맛과 신맛의 배합이 맞도록 한다.
- 불린 녹말(앙금녹말)은 감자전분 100%에 같은 양의 물을 넣어 가라앉힌 후 윗물을 따라 내고 단단하게 굳어 있는 상태를 말한다.
- 100% 감자전분과 불린 녹말을 사용하면 튀김이 쫄깃하고 바삭거린다.
- 시험장에서는 양이 적을 수 있으므로 튀김옷을 입힐 때 달걀의 사용에 유의한다.

▲ 채소 볶기

▲ 탕수소스에 튀긴 돼지고기 버무리기

5. 팬에 기름을 두르고 뜨거워지면 대파를 넣어 볶다가 간장, 청주를 넣어 향을 낸 후 양파, 버섯, 당근, 완두콩을 넣어 볶는다. 오이는 변색될 수 있으므로 나중에 넣는다.

6. 5.에 육수(물 200mL)를 붓고 분량의 탕수소스를 넣어 끓으면 물녹말을 조금씩 넣으면서 소스 농도를 조절한다.

7. 튀긴 돼지고기를 접시에 담고 소스를 끼얹어 낸다.

중식조리기능사

난자완스
(南煎丸子, 난찌앤완즈)
25분

요구사항

주어진 재료를 사용하여 다음과 같이 난자완스를 만드시오.

1. 완자는 지름 4cm로 둥글고 납작하게 만드시오.
2. 완자는 손이나 수저로 하나씩 떼어 팬에서 모양을 만드시오.
3. 채소는 4cm 크기의 편으로 써시오(단, 대파는 3cm 크기).
4. 완자는 갈색이 나도록 하시오.

CRAFTSMAN COOK CHINESE FOOD

지급 재료

돼지등심(다진 살코기) 200g, 깐마늘 2쪽, 대파(흰 부분, 6cm) 1토막,
소금 3g, 달걀 1개, 죽순(통조림) 50g, 검은 후춧가루 1g,
청경채 1포기, 진간장 15mL, 청주 20mL, 참기름 5mL,
식용유 800mL, 생강 5g, 녹말가루(감자전분) 50g,
건표고버섯(지름 5cm, 불린 것) 2개

수험자 유의사항

1. 만드는 순서에 유의하며, 위생과 숙련된 기능평가를 위하여 조리작업 시 맛을 보지 않습니다.
2. 지정된 수험자 지참 준비물 이외의 조리기구나 재료를 시험장 내에 지참할 수 없습니다.
3. 지급재료는 시험 전 확인하여 이상이 있을 경우 시험위원으로부터 조치를 받고 시험 중에는 재료의 교환 및 추가지급은 하지 않습니다.
4. 요구사항 및 지급재료의 규격은 "정도"의 의미를 포함하며, 재료의 크기에 따라 가감하여 채점됩니다.
5. 위생복, 위생모, 앞치마, 마스크를 착용하여야 하며, 시험장비, 조리기구 취급 등 안전에 유의합니다.
6. 다음 사항은 실격에 해당하여 **채점 대상에서 제외**됩니다.
    ① 수험자 본인이 시험 도중 시험에 대한 포기 의사를 표현하는 경우
    ② 위생복, 위생모, 앞치마, 마스크를 착용하지 않은 경우
    ③ 시험시간 내에 과제 두 가지를 제출하지 못한 경우
    ④ 문제의 요구사항대로 과제의 수량이 만들어지지 않은 경우
    ⑤ 구이를 조림 등으로 조리하여 완성품을 요구사항과 다르게 만든 경우
    ⑥ 불을 사용하여 만든 조리작품이 작품 특성에 벗어나는 정도로 타거나 익지 않은 경우
    ⑦ 해당 과제의 지급재료 이외 재료를 사용하거나 석쇠 등 요구사항의 조리기구를 사용하지 않은 경우
    ⑧ 지정된 수험자 지참 준비물 이외의 조리기구를 조리에 사용한 경우
    ⑨ 가스레인지 화구 2개 이상(2개 포함) 사용한 경우
    ⑩ 시험 중 시설, 장비(칼, 가스레인지 등) 사용 시 시험위원 및 타수험자의 시험 진행에 위해를 일으킬 것으로 시험위원 전원이 합의하여 판단한 경우
    ⑪ 요구사항에 표시된 실격 및 부정행위에 해당하는 경우
7. 항목별 배점은 위생상태 및 안전관리 5점, 조리기술 30점, 작품의 평가 15점입니다.
8. 시험시작 전 가벼운 몸 풀기(스트레칭) 동작으로 긴장을 풀고 시험을 시작합니다.

중식조리기능사

만들어 볼까요?

▲ 재료 손질하기

▲ 완자 빚기

1. 대파는 1/2등분으로 3cm 크기로 썰고, 마늘은 편 썰고 생강은 곱게 다진다. 죽순, 청경채, 표고버섯은 4cm 크기로 편 썬다.
2. 돼지고기는 곱게 다지고 간장, 청주를 넣어 밑간을 한 다음, 달걀흰자와 녹말을 약간 넣어 고루 치대어 반죽한다.
3. 양념한 고기를 한 손에 쥐고 수저나 손으로 떼어 지름 3cm 크기의 완자로 빚는다. 완자를 뜨거운 기름에 살짝 지진 후 4cm 정도로 납작하게 눌러서 넉넉한 기름에 양면이 진한 갈색이 나게 튀긴다.

합격 Point!

- 난자완스는 납작한 완자를 튀기듯 지지는 요리이다(煎 : '지지다'라는 말로 뜨거운 기름의 팬에 재료를 익히는 조리법을 말한다).
- 진한 갈색이 되도록 지진다.
- 시험장에서는 다진 고기를 주지만 다시 다져 양념하여 골고루 잘 치대준다.
- 완스를 지질 때는 살짝만 익힌 후 눌러서 지져야 납작한 모양으로 튀겨진다.

▲ 완자 튀기기

▲ 소스 만들기

4. 팬을 달구어 뜨거워지면 대파와 생강, 마늘을 넣어 볶다가 간장과 청주를 넣어 향을 낸 후 표고버섯, 죽순을 넣어 볶는다.
5. 4.에 물을 붓고 약간의 간장, 소금을 넣어 끓으면 청경채와 튀겨낸 완자를 넣는다.
6. 5.에 물녹말을 조금씩 넣으며 농도가 걸쭉해지면 후춧가루, 참기름으로 살짝 버무린다.
7. 완성 접시에 담는다.

깐풍기
(乾烹鷄, 치앤펑찌)
30분

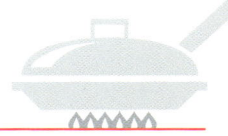

요구사항

주어진 재료를 사용하여 깐풍기를 만드시오.

1. 닭은 뼈를 발라낸 후 사방 3cm 사각형으로 써시오.
2. 닭을 튀기기 전에 튀김옷을 입히시오.
3. 채소는 0.5cm×0.5cm로 써시오.

CRAFTSMAN COOK CHINESE FOOD

지급 재료

닭다리(한 마리 1.2kg, 허벅지살 포함 반 마리 지급 가능) 1개, 진간장 15mL, 검은 후춧가루 1g, 청주 15mL, 달걀 1개, 흰설탕 15g, 식초 15mL, 대파(흰 부분, 6cm) 2토막, 청피망(75g) 1/4개, 홍고추(생) 1/2개, 생강 5g, 식용유 800mL, 소금 10g, 참기름 5mL, 깐마늘 3쪽, 녹말가루(감자전분) 100g

소스

육수(또는 물) 2큰술
간장 1큰술
설탕 1큰술
식초 1큰술
후춧가루 약간
물녹말 약간

수험자 유의사항

1. 만드는 순서에 유의하며, 위생과 숙련된 기능평가를 위하여 조리작업 시 맛을 보지 않습니다.
2. 지정된 수험자 지참 준비물 이외의 조리기구나 재료를 시험장 내에 지참할 수 없습니다.
3. 지급재료는 시험 전 확인하여 이상이 있을 경우 시험위원으로부터 조치를 받고 시험 중에는 재료의 교환 및 추가지급은 하지 않습니다.
4. 요구사항 및 지급재료의 규격은 "정도"의 의미를 포함하며, 재료의 크기에 따라 가감하여 채점됩니다.
5. 위생복, 위생모, 앞치마, 마스크를 착용하여야 하며, 시험장비, 조리기구 취급 등 안전에 유의합니다.
6. 다음 사항은 실격에 해당하여 **채점 대상에서 제외**됩니다.
    ① 수험자 본인이 시험 도중 시험에 대한 포기 의사를 표현하는 경우
    ② 위생복, 위생모, 앞치마, 마스크를 착용하지 않은 경우
    ③ 시험시간 내에 과제 두 가지를 제출하지 못한 경우
    ④ 문제의 요구사항대로 과제의 수량이 만들어지지 않은 경우
    ⑤ 구이를 조림 등으로 조리하여 완성품을 요구사항과 다르게 만든 경우
    ⑥ 불을 사용하여 만든 조리작품이 작품 특성에 벗어나는 정도로 타거나 익지 않은 경우
    ⑦ 해당 과제의 지급재료 이외 재료를 사용하거나 석쇠 등 요구사항의 조리기구를 사용하지 않은 경우
    ⑧ 지정된 수험자 지참 준비물 이외의 조리기구를 조리에 사용한 경우
    ⑨ 가스레인지 화구 2개 이상(2개 포함) 사용한 경우
    ⑩ 시험 중 시설, 장비(칼, 가스레인지 등) 사용 시 시험위원 및 타수험자의 시험 진행에 위해를 일으킬 것으로 시험위원 전원이 합의하여 판단한 경우
    ⑪ 요구사항에 표시된 실격 및 부정행위에 해당하는 경우
7. 항목별 배점은 위생상태 및 안전관리 5점, 조리기술 30점, 작품의 평가 15점입니다.
8. 시험시작 전 가벼운 몸 풀기(스트레칭) 동작으로 긴장을 풀고 시험을 시작합니다.

중식조리기능사

🍴 만들어 볼까요?

▲ 재료 손질하기

▲ 닭고기 튀기기

1. 파, 마늘, 생강은 다지고 홍고추, 피망은 씨를 빼고 0.5cm×0.5cm로 썬다.
2. 닭은 깨끗이 손질하여 뼈를 발라내고 껍질째 사방 3cm 정도로 토막을 낸다.
3. 튀김 기름을 올린다.
4. 토막 낸 닭고기에 소금, 청주로 밑간한 후 달걀과 녹말을 넣고 고루 잘 버무려 140~150℃에서 1차로 튀긴 후 다시 170℃에서 바삭하게 튀겨낸다.

🍴 합격 Point!

- 튀긴 닭고기에 소스를 배일 정도로만 넣고 조려 완성한 요리이다.
- 닭고기의 뼈를 발라 튀기면 익히는 시간을 단축할 수 있다.
- 채소의 크기는 사방 0.5cm로 써는 것이 적당하다(생강, 마늘은 채소 크기보다 작게 썬다).
- 튀김옷은 녹말가루에 물을 부어 녹말가루가 가라앉은 뒤 윗물을 따라내어 불린 녹말을 사용하는 게 원칙이나, 시간이 없는 경우 마른 녹말을 사용해도 무방하다.

▲ 소스 만들기

▲ 닭고기에 소스 양념 버무리기

5. 팬을 달구어 뜨거워지면 기름을 두르고 파, 마늘, 생강을 볶은 다음 간장과 청주로 향을 낸 후 홍고추와 피망을 넣고 살짝 볶는다.

6. 5.에 육수와 분량의 소스 양념을 넣어 간을 맞추고 끓으면 튀긴 닭을 넣어 버무려 살짝 조린 다음 참기름을 쳐서 마무리한다.

양장피잡채
(炒肉兩張皮, 차오로우량장피)
35분

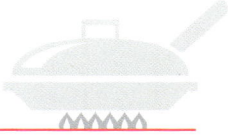

요구사항

주어진 재료를 사용하여 양장피잡채를 만드시오.

1. 양장피는 4cm로 하시오.
2. 고기와 채소는 5cm 길이의 채를 써시오.
3. 겨자는 숙성시켜 사용하시오.
4. 볶은 재료와 볶지 않는 재료의 분별에 유의하여 담아내시오.

지급 재료

양장피 1/2장, 돼지등심(살코기) 50g, 양파(150g) 1/2개, 조선부추 30g, 건목이버섯 1개, 당근 50g, 오이(20cm) 1/3개, 달걀 1개, 진간장 5mL, 참기름 5mL, 겨자 10g, 식초 50mL, 흰설탕 30g, 식용유 20mL, 작은 새우살 50g, 갑오징어살(오징어 대체 가능) 50g, 소금 3g, 건해삼(불린 것) 60g

겨자소스
발효시킨 겨자 1작은술
설탕 2큰술
식초 2큰술
소금 1/3작은술
참기름 약간

수험자 유의사항

1. 만드는 순서에 유의하며, 위생과 숙련된 기능평가를 위하여 조리작업 시 맛을 보지 않습니다.
2. 지정된 수험자 지참 준비물 이외의 조리기구나 재료를 시험장 내에 지참할 수 없습니다.
3. 지급재료는 시험 전 확인하여 이상이 있을 경우 시험위원으로부터 조치를 받고 시험 중에는 재료의 교환 및 추가지급은 하지 않습니다.
4. 요구사항 및 지급재료의 규격은 "정도"의 의미를 포함하며, 재료의 크기에 따라 가감하여 채점됩니다.
5. 위생복, 위생모, 앞치마, 마스크를 착용하여야 하며, 시험장비, 조리기구 취급 등 안전에 유의합니다.
6. 다음 사항은 실격에 해당하여 **채점 대상에서 제외**됩니다.
   ① 수험자 본인이 시험 도중 시험에 대한 포기 의사를 표현하는 경우
   ② 위생복, 위생모, 앞치마, 마스크를 착용하지 않은 경우
   ③ 시험시간 내에 과제 두 가지를 제출하지 못한 경우
   ④ 문제의 요구사항대로 과제의 수량이 만들어지지 않은 경우
   ⑤ 구이를 조림 등으로 조리하여 완성품을 요구사항과 다르게 만든 경우
   ⑥ 불을 사용하여 만든 조리작품이 작품 특성에 벗어나는 정도로 타거나 익지 않은 경우
   ⑦ 해당 과제의 지급재료 이외 재료를 사용하거나 석쇠 등 요구사항의 조리기구를 사용하지 않은 경우
   ⑧ 지정된 수험자 지참 준비물 이외의 조리기구를 조리에 사용한 경우
   ⑨ 가스레인지 화구 2개 이상(2개 포함) 사용한 경우
   ⑩ 시험 중 시설, 장비(칼, 가스레인지 등) 사용 시 시험위원 및 타수험자의 시험 진행에 위해를 일으킬 것으로 시험위원 전원이 합의하여 판단한 경우
   ⑪ 요구사항에 표시된 실격 및 부정행위에 해당하는 경우
7. 항목별 배점은 위생상태 및 안전관리 5점, 조리기술 30점, 작품의 평가 15점입니다.
8. 시험시작 전 가벼운 몸 풀기(스트레칭) 동작으로 긴장을 풀고 시험을 시작합니다.

중식조리기능사

🍴 만들어 볼까요?

▲ 황·백지단 부치기

▲ 재료 손질하기

1. 재료를 데치기 위해 냄비에 물을 올려 끓이고, 양장피는 잘라서 찬물에 담가둔다.
2. 겨자는 따뜻한 물에 개어 발효시킨다.
3. 오이는 돌기 부분을 제거하고 5cm×0.3cm 정도로 채 썰고, 끓는 물에 당근을 데쳐 오이와 같은 크기로 채 썰어 놓는다.
4. 새우는 내장을 제거한 후 삶고, 불린 해삼은 살짝 데쳐 채 썰어 놓는다. 갑오징어는 껍질을 벗기고 칼집을 내어 채 썰고 끓는 물에 데친다.
5. 양파는 채 썰어 놓고, 부추는 5cm로 자른다. 불린 목이버섯은 물기를 제거하고 가늘게 뜯어 놓는다.

🍴 합격 Point!

- 볶은 재료와 볶지 않은 재료의 분별에 유의한다.
- 양장피잡채는 시간이 많이 걸리므로 접시 가장자리 재료는 준비가 되는 대로 완성 접시에 담는다.
- 양장피는 찬물에 담갔다 삶으면 시간이 단축된다(양장피잡채는 시간 초과가 많은 메뉴이다).
- 겨자는 40~50℃ 정도의 따뜻한 물에 개어 발효를 시켜야 매운맛이 강하고 쓴맛은 준다.

▲ 양장피 데치기

▲ 완성 그릇에 담기

6. 돼지고기는 채 썰어 놓고 간장으로 밑간한다. 달걀은 황·백으로 지단을 부쳐 5cm 길이로 채 썬다. 다듬은 재료는 접시 가장자리에 색을 맞추어 돌려 담는다.

7. 팬에 기름을 두르고 뜨거워지면 양파, 돼지고기, 목이버섯을 넣어 볶으면서 간장과 소금으로 간을 한 뒤, 부추를 넣고 참기름으로 버무린다.

8. 양장피는 끓는 물에 데친 후 찬물에 헹구어 물기를 빼고 4cm 정도로 썰어 참기름, 간장을 약간 넣고 무친다.

9. 접시 가운데에 양장피와 볶은 채소를 담고 겨자소스를 만들어 끼얹어 낸다.

중식조리기능사

고추잡채
(靑椒肉絲, 칭찌아오로우스)
25분

요구사항

주어진 재료를 사용하여 고추잡채를 만드시오.
1. 주재료 피망과 고기는 5cm의 채로 써시오.
2. 고기는 간을 하여 초벌하시오.

지급 재료

돼지등심(살코기) 100g, 청주 5mL, 청피망(75g) 1개, 달걀 1개, 죽순(통조림) 30g, 진간장 15mL, 양파(150g) 1/2개, 참기름 5mL, 식용유 150mL, 소금 5g, 녹말가루(감자전분) 15g, 건표고버섯(지름 5cm, 불린 것) 2개

수험자 유의사항

1. 만드는 순서에 유의하며, 위생과 숙련된 기능평가를 위하여 조리작업 시 맛을 보지 않습니다.
2. 지정된 수험자 지참 준비물 이외의 조리기구나 재료를 시험장 내에 지참할 수 없습니다.
3. 지급재료는 시험 전 확인하여 이상이 있을 경우 시험위원으로부터 조치를 받고 시험 중에는 재료의 교환 및 추가지급은 하지 않습니다.
4. 요구사항 및 지급재료의 규격은 "정도"의 의미를 포함하며, 재료의 크기에 따라 가감하여 채점됩니다.
5. 위생복, 위생모, 앞치마, 마스크를 착용하여야 하며, 시험장비, 조리기구 취급 등 안전에 유의합니다.
6. 다음 사항은 실격에 해당하여 **채점 대상에서 제외**됩니다.
    ① 수험자 본인이 시험 도중 시험에 대한 포기 의사를 표현하는 경우
    ② 위생복, 위생모, 앞치마, 마스크를 착용하지 않은 경우
    ③ 시험시간 내에 과제 두 가지를 제출하지 못한 경우
    ④ 문제의 요구사항대로 과제의 수량이 만들어지지 않은 경우
    ⑤ 구이를 조림 등으로 조리하여 완성품을 요구사항과 다르게 만든 경우
    ⑥ 불을 사용하여 만든 조리작품이 작품 특성에 벗어나는 정도로 타거나 익지 않은 경우
    ⑦ 해당 과제의 지급재료 이외 재료를 사용하거나 석쇠 등 요구사항의 조리기구를 사용하지 않은 경우
    ⑧ 지정된 수험자 지참 준비물 이외의 조리기구를 조리에 사용한 경우
    ⑨ 가스레인지 화구 2개 이상(2개 포함) 사용한 경우
    ⑩ 시험 중 시설, 장비(칼, 가스레인지 등) 사용 시 시험위원 및 타수험자의 시험 진행에 위해를 일으킬 것으로 시험위원 전원이 합의하여 판단한 경우
    ⑪ 요구사항에 표시된 실격 및 부정행위에 해당하는 경우
7. 항목별 배점은 위생상태 및 안전관리 5점, 조리기술 30점, 작품의 평가 15점입니다.
8. 시험시작 전 가벼운 몸 풀기(스트레칭) 동작으로 긴장을 풀고 시험을 시작합니다.

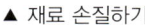
만들어 볼까요?

▲ 재료 손질하기

▲ 돼지고기 익히기

1. 피망은 반으로 갈라 씨와 하얀 부분을 제거하고, 양끝을 정리하여 5cm×0.3cm로 채 썬다.
2. 죽순, 불린 표고버섯, 양파는 채 썰어 놓는다.
3. 돼지고기는 핏물을 없애고 결대로 5cm 길이로 가늘게 채 썰어 약간의 간장과 청주로 밑간하고, 달걀흰자와 녹말을 넣어 버무린다.
4. 팬에 3.의 돼지고기가 잠길 만큼의 기름을 넣고 끓으면 중불에서 익혀낸다.

 합격 Point!

- 돼지고기의 초벌 간에 달걀물과 녹말은 약간만 한다.
- 고기를 익히는 온도는 부드럽게 삶아지는 온도이다(약 100~120℃).
- 피망은 마지막에 볶는데, 센불에서 재빨리 볶아야 색이 선명하다.

▲ 채소와 고기 볶기

▲ 완성 접시에 담기

5. 팬을 달구어 뜨거워지면 양파를 넣어 볶고, 간장 약간과 청주로 향을 낸 후 표고버섯, 죽순, 고기, 피망을 넣어 볶는다.
6. 소금으로 간하고 참기름을 둘러 마무리한다.
7. 완성 접시에 담아낸다.

중식조리기능사

채소볶음
(炒素菜, 차오수차이)
25분

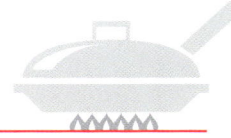

요구사항

주어진 재료를 사용하여 채소볶음을 만드시오.

1. 모든 채소는 길이 4cm의 편으로 써시오.
2. 대파, 마늘, 생강을 제외한 모든 채소는 끓는 물에 살짝 데쳐서 사용하시오.

지급 재료

청경채 1개, 대파(흰 부분, 6cm) 1토막, 당근 50g, 양송이(통조림) 2개, 식용유 45mL, 청피망(75g) 1/3개, 죽순(통조림) 30g, 소금 5g, 깐마늘 1쪽, 진간장 5mL, 청주 5mL, 참기름 5mL, 흰 후춧가루 2g, 생강 5g, 셀러리 30g, 녹말가루(감자전분) 20g, 건표고버섯(지름 5cm, 불린 것) 2개

수험자 유의사항

1. 만드는 순서에 유의하며, 위생과 숙련된 기능평가를 위하여 조리작업 시 맛을 보지 않습니다.
2. 지정된 수험자 지참 준비물 이외의 조리기구나 재료를 시험장 내에 지참할 수 없습니다.
3. 지급재료는 시험 전 확인하여 이상이 있을 경우 시험위원으로부터 조치를 받고 시험 중에는 재료의 교환 및 추가지급은 하지 않습니다.
4. 요구사항 및 지급재료의 규격은 "정도"의 의미를 포함하며, 재료의 크기에 따라 가감하여 채점됩니다.
5. 위생복, 위생모, 앞치마, 마스크를 착용하여야 하며, 시험장비, 조리기구 취급 등 안전에 유의합니다.
6. 다음 사항은 실격에 해당하여 **채점 대상에서 제외**됩니다.
    ① 수험자 본인이 시험 도중 시험에 대한 포기 의사를 표현하는 경우
    ② 위생복, 위생모, 앞치마, 마스크를 착용하지 않은 경우
    ③ 시험시간 내에 과제 두 가지를 제출하지 못한 경우
    ④ 문제의 요구사항대로 과제의 수량이 만들어지지 않은 경우
    ⑤ 구이를 조림 등으로 조리하여 완성품을 요구사항과 다르게 만든 경우
    ⑥ 불을 사용하여 만든 조리작품이 작품 특성에 벗어나는 정도로 타거나 익지 않은 경우
    ⑦ 해당 과제의 지급재료 이외 재료를 사용하거나 석쇠 등 요구사항의 조리기구를 사용하지 않은 경우
    ⑧ 지정된 수험자 지참 준비물 이외의 조리기구를 조리에 사용한 경우
    ⑨ 가스레인지 화구 2개 이상(2개 포함) 사용한 경우
    ⑩ 시험 중 시설, 장비(칼, 가스레인지 등) 사용 시 시험위원 및 타수험자의 시험 진행에 위해를 일으킬 것으로 시험위원 전원이 합의하여 판단한 경우
    ⑪ 요구사항에 표시된 실격 및 부정행위에 해당하는 경우
7. 항목별 배점은 위생상태 및 안전관리 5점, 조리기술 30점, 작품의 평가 15점입니다.
8. 시험시작 전 가벼운 몸 풀기(스트레칭) 동작으로 긴장을 풀고 시험을 시작합니다.

만들어 볼까요?

▲ 재료 채 썰기

▲ 재료 데치기

1. 냄비에 물을 올려 놓고 채소는 깨끗하게 씻어 놓는다.
2. 청경채의 두꺼운 줄기는 얇게 저며낸 후 길이 4cm, 폭 1.5cm 정도로 썰고, 셀러리는 섬유질을 제거한 후 같은 크기로 썬다.
3. 피망은 씨를 털어 내어 길이 4cm, 폭 1.5cm 크기의 편으로 썰고, 죽순도 편으로 썰어 놓는다.
4. 대파는 4cm 정도의 길이로 굵게 썰고 양송이는 편으로 썰어 놓는다.
5. 당근은 껍질을 벗기고 불린 표고버섯은 기둥을 떼어내어 편으로 썬다. 마늘, 생강도 가는 편으로 썬다.

합격 Point!

- 菜(차이)는 채소를, 炒(차오)는 기름을 사용해서 단시간에 볶는 요리를 뜻한다.
- 모든 채소는 끓는 물에 살짝 익혔으므로 강한 불에서 재빨리 볶아야 색상이 퇴색되지 않는다.
- 모든 채소의 크기는 일정하게 썬다.

▲ 채소 볶기

▲ 볶은 채소 완성하기

6. 대파, 마늘, 생강을 제외한 모든 채소는 끓는 물에 살짝 데쳐 놓는다.
7. 물녹말을 만들어 준비한다.
8. 팬에 기름을 두르고 뜨거워지면 대파, 마늘, 생강을 넣어 볶고 간장과 청주로 향을 낸 후 표고버섯과 채소를 순서대로 넣어 볶은 다음 소금, 흰 후춧가루로 간한다.
9. 8.에 육수(3큰술 정도)를 부어 물녹말로 농도를 맞추고 참기름을 쳐서 버무린다.
10. 완성 접시에 담아낸다.

중식조리기능사

마파두부
(麻婆豆腐, 마포또푸)
25분

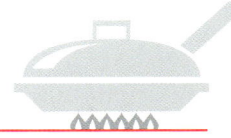

요구사항

주어진 재료를 사용하여 마파두부를 만드시오.

1. 두부는 1.5cm의 주사위 모양으로 써시오.
2. 두부가 으깨어지지 않게 하시오.
3. 고추기름을 만들어 사용하시오.

지급 재료

두부 150g, 깐마늘 2쪽, 생강 5g, 대파(흰 부분, 6cm) 1토막, 홍고추(생) 1/2개, 두반장 10g, 검은 후춧가루 5g, 돼지등심(다진 살코기) 50g, 흰설탕 5g, 참기름 5mL, 식용유 60mL, 진간장 10mL, 고춧가루 15g, 녹말가루(감자전분) 15g

수험자 유의사항

1. 만드는 순서에 유의하며, 위생과 숙련된 기능평가를 위하여 조리작업 시 맛을 보지 않습니다.
2. 지정된 수험자 지참 준비물 이외의 조리기구나 재료를 시험장 내에 지참할 수 없습니다.
3. 지급재료는 시험 전 확인하여 이상이 있을 경우 시험위원으로부터 조치를 받고 시험 중에는 재료의 교환 및 추가지급은 하지 않습니다.
4. 요구사항 및 지급재료의 규격은 "정도"의 의미를 포함하며, 재료의 크기에 따라 가감하여 채점됩니다.
5. 위생복, 위생모, 앞치마, 마스크를 착용하여야 하며, 시험장비, 조리기구 취급 등 안전에 유의합니다.
6. 다음 사항은 실격에 해당하여 **채점 대상에서 제외**됩니다.
    ① 수험자 본인이 시험 도중 시험에 대한 포기 의사를 표현하는 경우
    ② 위생복, 위생모, 앞치마, 마스크를 착용하지 않은 경우
    ③ 시험시간 내에 과제 두 가지를 제출하지 못한 경우
    ④ 문제의 요구사항대로 과제의 수량이 만들어지지 않은 경우
    ⑤ 구이를 조림 등으로 조리하여 완성품을 요구사항과 다르게 만든 경우
    ⑥ 불을 사용하여 만든 조리작품이 작품 특성에 벗어나는 정도로 타거나 익지 않은 경우
    ⑦ 해당 과제의 지급재료 이외 재료를 사용하거나 석쇠 등 요구사항의 조리기구를 사용하지 않은 경우
    ⑧ 지정된 수험자 지참 준비물 이외의 조리기구를 조리에 사용한 경우
    ⑨ 가스레인지 화구 2개 이상(2개 포함) 사용한 경우
    ⑩ 시험 중 시설, 장비(칼, 가스레인지 등) 사용 시 시험위원 및 타수험자의 시험 진행에 위해를 일으킬 것으로 시험위원 전원이 합의하여 판단한 경우
    ⑪ 요구사항에 표시된 실격 및 부정행위에 해당하는 경우
7. 항목별 배점은 위생상태 및 안전관리 5점, 조리기술 30점, 작품의 평가 15점입니다.
8. 시험시작 전 가벼운 몸 풀기(스트레칭) 동작으로 긴장을 풀고 시험을 시작합니다.

중식조리기능사

만들어 볼까요?

▲ 두부 삶기

▲ 재료 손질하기

1. 두부는 1.5cm 정도의 주사위 모양으로 썰어 끓는 물에 살짝 데쳐 놓는다.
2. 돼지고기는 다지고 대파, 마늘, 생강, 홍고추도 잘게 다진다.
3. 고춧가루와 식용유로 고추기름(辣油)을 만든다.
4. 녹말가루에 물을 넣어 물녹말을 만든다(1 : 1 또는 1 : 2).

 합격 Point!

- 고추기름(辣油, 라요우)은 고춧가루와 식용유 비율을 1 : 2 정도로 하여 끓은 것을 걸러서 사용하는 기름이다.
- 두반장은 고추, 콩 등을 발효시켜 만든 중국 사천지방에서 많이 쓰는 고추장이다.
- 두부의 크기는 일정하게 썰고 끓는 물에 데쳐 사용한다.

▲ 고추기름 만들기　　　　　　　　　　▲ 소스에 두부 넣기

5. 팬에 고추기름을 두르고 뜨거워지면 파, 마늘, 생강, 홍고추를 넣고 볶은 다음 간장으로 향을 낸다.

6. 5.에 다진 돼지고기를 넣고 볶다가 두반장(1큰술)을 넣고 볶은 다음 육수와 간장 약간, 설탕(1작은술), 후춧가루를 넣어 끓인다.

7. 물에 데쳐낸 두부를 넣고 끓인 다음 물녹말을 조금씩 넣어 농도를 맞춰 참기름을 치고 마무리하여 깊은 그릇에 담아낸다.

중식조리기능사

홍쇼두부
(紅燒豆腐, 홍샤오또푸)
30분

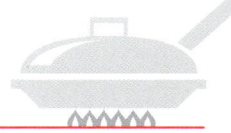

요구사항
주어진 재료를 사용하여 홍쇼두부를 만드시오.

1. 두부는 가로와 세로 5cm, 두께 1cm의 삼각형 크기로 써시오.
2. 채소는 편으로 써시오.
3. 두부는 으깨어지거나 붙지 않게 하고 갈색이 나도록 하시오.

지급 재료

두부 150g, 돼지등심(살코기) 50g, 생강 5g, 죽순(통조림) 30g,
깐마늘 2쪽, 진간장 15mL, 청주 5mL, 대파(흰 부분, 6cm) 1토막,
식용유 500mL, 청경채 1포기, 참기름 5mL, 홍고추(생) 1개, 달걀 1개,
양송이(통조림) 1개, 녹말가루(감자전분) 10g,
건표고버섯(지름 5cm, 불린 것) 1개

수험자 유의사항

1. 만드는 순서에 유의하며, 위생과 숙련된 기능평가를 위하여 조리작업 시 맛을 보지 않습니다.
2. 지정된 수험자 지참 준비물 이외의 조리기구나 재료를 시험장 내에 지참할 수 없습니다.
3. 지급재료는 시험 전 확인하여 이상이 있을 경우 시험위원으로부터 조치를 받고 시험 중에는 재료의 교환 및 추가지급은 하지 않습니다.
4. 요구사항 및 지급재료의 규격은 "정도"의 의미를 포함하며, 재료의 크기에 따라 가감하여 채점됩니다.
5. 위생복, 위생모, 앞치마, 마스크를 착용하여야 하며, 시험장비, 조리기구 취급 등 안전에 유의합니다.
6. 다음 사항은 실격에 해당하여 **채점 대상에서 제외**됩니다.
    ① 수험자 본인이 시험 도중 시험에 대한 포기 의사를 표현하는 경우
    ② 위생복, 위생모, 앞치마, 마스크를 착용하지 않은 경우
    ③ 시험시간 내에 과제 두 가지를 제출하지 못한 경우
    ④ 문제의 요구사항대로 과제의 수량이 만들어지지 않은 경우
    ⑤ 구이를 조림 등으로 조리하여 완성품을 요구사항과 다르게 만든 경우
    ⑥ 불을 사용하여 만든 조리작품이 작품 특성에 벗어나는 정도로 타거나 익지 않은 경우
    ⑦ 해당 과제의 지급재료 이외 재료를 사용하거나 석쇠 등 요구사항의 조리기구를 사용하지 않은 경우
    ⑧ 지정된 수험자 지참 준비물 이외의 조리기구를 조리에 사용한 경우
    ⑨ 가스레인지 화구 2개 이상(2개 포함) 사용한 경우
    ⑩ 시험 중 시설ㆍ장비(칼, 가스레인지 등) 사용 시 시험위원 및 타수험자의 시험 진행에 위해를 일으킬 것으로 시험위원 전원이 합의하여 판단한 경우
    ⑪ 요구사항에 표시된 실격 및 부정행위에 해당하는 경우
7. 항목별 배점은 위생상태 및 안전관리 5점, 조리기술 30점, 작품의 평가 15점입니다.
8. 시험시작 전 가벼운 몸 풀기(스트레칭) 동작으로 긴장을 풀고 시험을 시작합니다.

중식조리기능사

🍴 만들어 볼까요?

▲ 두부 썰기

▲ 재료 손질하기

1. 두부는 가로와 세로 5cm, 두께 1cm 정도의 삼각형으로 썰어 놓는다.
2. 양송이는 길게 편으로 썰고, 표고버섯은 기둥을 떼어 편으로 썬다. 죽순·청경채·홍고추·대파는 길게 편으로 썬다.
3. 마늘, 생강도 편으로 썬다.
4. 썰어 놓은 두부는 물기를 제거하고 하나씩 붙지 않게 노릇하게 튀긴다.
5. 돼지고기는 편으로 썰고 간장, 청주로 밑간하여 달걀물과 녹말로 잘 버무린 후 기름에 익혀낸다 (100~120℃ 정도).

 합격 Point!

- 두부는 물기를 제거하고 뜨거워진 기름에 튀기듯이 노릇하게 지진다.
- 燒(샤오)는 재료를 기름에 볶아서 조미료를 넣어 조리는 요리법이며, 紅燒(홍샤오)는 간장을 사용하여 색깔이 나게 조리한 것을 말한다.

▲ 두부 튀기기

▲ 소스에 두부 넣기

6. 녹말가루와 물을 1 : 1 비율로 섞어 물녹말을 만든다.
7. 팬에 기름을 두르고 뜨거워지면 대파, 마늘, 생강을 넣어 볶다가 간장과 청주로 향을 내고 양송이, 표고버섯, 홍고추, 청경채 순으로 넣어 볶은 다음 육수를 붓고 간장으로 간한다.
8. 소스가 끓으면 튀겨낸 두부와 고기를 넣고 물녹말을 조금씩 넣어 농도를 맞춰 참기름을 치고 마무리한다.
9. 완성 접시에 담아낸다.

중식조리기능사

빠스옥수수
(拔絲玉米, 빠스위미)
25분

요구사항

주어진 재료를 사용하여 빠스옥수수를 만드시오.

1. 완자의 크기를 지름 3cm 공 모양으로 하시오.
2. 땅콩은 다져 옥수수와 함께 버무려 사용하시오.
3. 설탕시럽은 타지 않게 만드시오.
4. 빠스옥수수는 6개 만드시오.

지급 재료

옥수수(통조림) 120g, 땅콩 7알, 밀가루(중력분) 80g, 달걀 1개, 흰설탕 50g, 식용유 500mL

수험자 유의사항

1. 만드는 순서에 유의하며, 위생과 숙련된 기능평가를 위하여 조리작업 시 맛을 보지 않습니다.
2. 지정된 수험자 지참 준비물 이외의 조리기구나 재료를 시험장 내에 지참할 수 없습니다.
3. 지급재료는 시험 전 확인하여 이상이 있을 경우 시험위원으로부터 조치를 받고 시험 중에는 재료의 교환 및 추가지급은 하지 않습니다.
4. 요구사항 및 지급재료의 규격은 "정도"의 의미를 포함하며, 재료의 크기에 따라 가감하여 채점됩니다.
5. 위생복, 위생모, 앞치마, 마스크를 착용하여야 하며, 시험장비, 조리기구 취급 등 안전에 유의합니다.
6. 다음 사항은 실격에 해당하여 **채점 대상에서 제외**됩니다.
    ① 수험자 본인이 시험 도중 시험에 대한 포기 의사를 표현하는 경우
    ② 위생복, 위생모, 앞치마, 마스크를 착용하지 않은 경우
    ③ 시험시간 내에 과제 두 가지를 제출하지 못한 경우
    ④ 문제의 요구사항대로 과제의 수량이 만들어지지 않은 경우
    ⑤ 구이를 조림 등으로 조리하여 완성품을 요구사항과 다르게 만든 경우
    ⑥ 불을 사용하여 만든 조리작품이 작품 특성에 벗어나는 정도로 타거나 익지 않은 경우
    ⑦ 해당 과제의 지급재료 이외 재료를 사용하거나 석쇠 등 요구사항의 조리기구를 사용하지 않은 경우
    ⑧ 지정된 수험자 지참 준비물 이외의 조리기구를 조리에 사용한 경우
    ⑨ 가스레인지 화구 2개 이상(2개 포함) 사용한 경우
    ⑩ 시험 중 시설, 장비(칼, 가스레인지 등) 사용 시 시험위원 및 타수험자의 시험 진행에 위해를 일으킬 것으로 시험위원 전원이 합의하여 판단한 경우
    ⑪ 요구사항에 표시된 실격 및 부정행위에 해당하는 경우
7. 항목별 배점은 위생상태 및 안전관리 5점, 조리기술 30점, 작품의 평가 15점입니다.
8. 시험시작 전 가벼운 몸 풀기(스트레칭) 동작으로 긴장을 풀고 시험을 시작합니다.

🍴 만들어 볼까요?

▲ 옥수수 버무리기

▲ 옥수수 완자 만들기

1. 옥수수 통조림은 체에 밭쳐 물기를 제거한다. 땅콩은 껍질을 벗겨 잘게 다진다.
2. 옥수수, 땅콩, 달걀노른자에 밀가루 2큰술 정도를 섞고, 손으로 쥐어 지름 3cm 정도 크기의 완자를 빚는다.
3. 옥수수 완자를 140~150℃ 정도의 기름에 튀기고, 온도를 서서히 올려 노릇하게 튀긴다.
4. 기름을 바른 접시와 찬물을 준비한다.

합격 Point!

- 빠스옥수수는 달걀노른자와 밀가루를 넣어 반죽하여 쉽게 타므로 낮은 온도에서 서서히 튀긴다.
- 설탕시럽은 튀긴 옥수수에 고루 묻혀서 젓가락으로 떼었을 때 가느다란 실이 생겨야 한다.
- 옥수수 반죽을 완자로 빚을 때 손에 기름이나 찬물을 바르면 덜 달라붙는다.
- 반죽은 옥수수에 있는 수분을 확인하고 달걀노른자를 적절히 사용하여 풀어지지 않게 튀긴다.

▲ 옥수수 완자 튀기기

▲ 시럽에 버무리기

5. 팬을 뜨겁게 달군 후 식용유를 넣어 코팅한 다음 기름을 따라내고, 남은 기름에 설탕 4큰술 정도를 넣고 시럽을 만든다.

6. 설탕이 충분히 녹고 연한 갈색이 나면 튀긴 옥수수를 넣어 재빨리 버무린 후 찬물 1작은술 정도를 끼얹어 주어 시럽이 옥수수에 잘 달라붙게 만든다.

7. 시럽에 버무린 옥수수가 서로 달라붙지 않게 기름을 바른 접시에 펼쳐 식힌다.

8. 완성 접시에 담아낸다.

해파리냉채
(凉拌蜇皮, 량반쩌피)
20분

요구사항

주어진 재료를 사용하여 다음과 같이 해파리냉채를 만드시오.

1. 해파리는 염분을 제거하고 살짝 데쳐서 사용하시오.
2. 오이는 0.2cm×6cm 크기로 어슷하게 채를 써시오.
3. 해파리와 오이를 섞어 마늘소스를 끼얹어 내시오.

지급 재료

해파리 150g, 오이(20cm) 1/2개, 깐마늘 3쪽, 식초 45mL,
흰설탕 15g, 소금 7g, 참기름 5mL

소스
육수(또는 물) 3큰술
설탕 2큰술
식초 2큰술
소금 1작은술
참기름 약간

수험자 유의사항

1. 만드는 순서에 유의하며, 위생과 숙련된 기능평가를 위하여 조리작업 시 맛을 보지 않습니다.
2. 지정된 수험자 지참 준비물 이외의 조리기구나 재료를 시험장 내에 지참할 수 없습니다.
3. 지급재료는 시험 전 확인하여 이상이 있을 경우 시험위원으로부터 조치를 받고 시험 중에는 재료의 교환 및 추가지급은 하지 않습니다.
4. 요구사항 및 지급재료의 규격은 "정도"의 의미를 포함하며, 재료의 크기에 따라 가감하여 채점됩니다.
5. 위생복, 위생모, 앞치마, 마스크를 착용하여야 하며, 시험장비, 조리기구 취급 등 안전에 유의합니다.
6. 다음 사항은 실격에 해당하여 **채점 대상에서 제외**됩니다.
   ① 수험자 본인이 시험 도중 시험에 대한 포기 의사를 표현하는 경우
   ② 위생복, 위생모, 앞치마, 마스크를 착용하지 않은 경우
   ③ 시험시간 내에 과제 두 가지를 제출하지 못한 경우
   ④ 문제의 요구사항대로 과제의 수량이 만들어지지 않은 경우
   ⑤ 구이를 조림 등으로 조리하여 완성품을 요구사항과 다르게 만든 경우
   ⑥ 불을 사용하여 만든 조리작품이 작품 특성에 벗어나는 정도로 타거나 익지 않은 경우
   ⑦ 해당 과제의 지급재료 이외 재료를 사용하거나 석쇠 등 요구사항의 조리기구를 사용하지 않은 경우
   ⑧ 지정된 수험자 지참 준비물 이외의 조리기구를 조리에 사용한 경우
   ⑨ 가스레인지 화구 2개 이상(2개 포함) 사용한 경우
   ⑩ 시험 중 시설, 장비(칼, 가스레인지 등) 사용 시 시험위원 및 타수험자의 시험 진행에 위해를 일으킬 것으로 시험위원 전원이 합의하여 판단한 경우
   ⑪ 요구사항에 표시된 실격 및 부정행위에 해당하는 경우
7. 항목별 배점은 위생상태 및 안전관리 5점, 조리기술 30점, 작품의 평가 15점입니다.
8. 시험시작 전 가벼운 몸 풀기(스트레칭) 동작으로 긴장을 풀고 시험을 시작합니다.

만들어 볼까요?

▲ 해파리 데치기

▲ 데친 해파리를 찬물에 담그기

1. 해파리는 여러 번 씻어 염분을 뺀다.
2. 염분을 뺀 해파리는 따끈한 물(50℃ 정도)에서 데쳐 찬물에 담근다.
3. 오이는 소금으로 문질러 깨끗이 씻어 돌기 부분을 제거하고 0.2cm×6cm로 어슷하게 채 썬다.
4. 마늘은 다지고 소스를 만든다.

합격 Point!

- 해파리를 데치는 물의 온도가 높으면 해파리가 너무 오그라들어 질기다(시험장에서 지급되는 양이 적기 때문에 유의한다).
- 해파리냉채는 제출하기 직전에 무쳐낸다.
- 오이는 돌려깎기하지 않아도 된다.

▲ 오이 채 썰기

▲ 완성 접시에 담기

5. 해파리의 물기를 뺀 다음 다진 마늘 일부를 넣은 소스 1/2 정도를 넣고 버무린다.
6. 썰어 놓은 오이채와 해파리를 잘 섞어 완성 접시에 담는다.
7. 남은 다진 마늘을 올리고 나머지 소스를 끼얹어 낸다.

라조기

(辣椒鷄, 라찌아찌)

30분

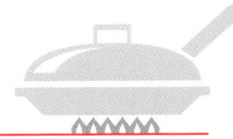

요구사항

주어진 재료를 사용하여 다음과 같이 라조기를 만드시오.

1. 닭은 뼈를 발라낸 후 5cm×1cm의 길이로 써시오.
2. 채소는 5cm×2cm의 길이로 써시오.

CRAFTSMAN COOK CHINESE FOOD

 지급 재료

홍고추(건) 1개, 청피망(75g) 1/3개, 청경채 1포기, 생강 5g,
대파(흰 부분, 6cm) 2토막, 깐마늘 1쪽, 달걀 1개, 진간장 30mL,
소금 5g, 청주 15mL, 식용유 900mL, 검은 후춧가루 1g,
고추기름 10mL, 양송이(통조림) 1개, 죽순(통조림) 50g,
닭다리(한 마리 1.2kg, 허벅지살 포함 반 마리 지급 가능) 1개,
녹말가루(감자전분) 100g, 건표고버섯(지름 5cm, 불린 것) 1개

소스

고추기름 1큰술
간장 · 청주 1큰술
육수 1컵
소금 · 후춧가루 약간
물녹말

수험자 유의사항

1. 만드는 순서에 유의하며, 위생과 숙련된 기능평가를 위하여 조리작업 시 맛을 보지 않습니다.
2. 지정된 수험자 지참 준비물 이외의 조리기구나 재료를 시험장 내에 지참할 수 없습니다.
3. 지급재료는 시험 전 확인하여 이상이 있을 경우 시험위원으로부터 조치를 받고 시험 중에는 재료의 교환 및 추가지급은 하지 않습니다.
4. 요구사항 및 지급재료의 규격은 "정도"의 의미를 포함하며, 재료의 크기에 따라 가감하여 채점됩니다.
5. 위생복, 위생모, 앞치마, 마스크를 착용하여야 하며, 시험장비, 조리기구 취급 등 안전에 유의합니다.
6. 다음 사항은 실격에 해당하여 **채점 대상에서 제외**됩니다.
    ① 수험자 본인이 시험 도중 시험에 대한 포기 의사를 표현하는 경우
    ② 위생복, 위생모, 앞치마, 마스크를 착용하지 않은 경우
    ③ 시험시간 내에 과제 두 가지를 제출하지 못한 경우
    ④ 문제의 요구사항대로 과제의 수량이 만들어지지 않은 경우
    ⑤ 구이를 조림 등으로 조리하여 완성품을 요구사항과 다르게 만든 경우
    ⑥ 불을 사용하여 만든 조리작품이 작품 특성에 벗어나는 정도로 타거나 익지 않은 경우
    ⑦ 해당 과제의 지급재료 이외 재료를 사용하거나 석쇠 등 요구사항의 조리기구를 사용하지 않은 경우
    ⑧ 지정된 수험자 지참 준비물 이외의 조리기구를 조리에 사용한 경우
    ⑨ 가스레인지 화구 2개 이상(2개 포함) 사용한 경우
    ⑩ 시험 중 시설, 장비(칼, 가스레인지 등) 사용 시 시험위원 및 타수험자의 시험 진행에 위해를 일으킬 것으로 시험위원 전원이 합의하여 판단한 경우
    ⑪ 요구사항에 표시된 실격 및 부정행위에 해당하는 경우
7. 항목별 배점은 위생상태 및 안전관리 5점, 조리기술 30점, 작품의 평가 15점입니다.
8. 시험시작 전 가벼운 몸 풀기(스트레칭) 동작으로 긴장을 풀고 시험을 시작합니다.

만들어 볼까요?

▲ 재료 손질하기

▲ 닭고기 튀기기

1. 홍고추와 피망은 반으로 갈라 씨를 뺀 후 5cm×2cm 정도 길이로 썬다. 청경채, 표고버섯, 죽순은 길게 저며 썬다.
2. 대파, 생강, 마늘은 편 썰고, 양송이는 길게 저며 썬다.
3. 닭은 깨끗이 씻어 뼈를 발라낸 후 5cm×1cm 길이로 썰어 소금, 청주를 넣고 밑간한다.
4. 팬에 튀김 기름을 올린다.

합격 Point!

- 녹말가루에 미리 물을 부어 녹말가루가 가라앉은 뒤 윗물을 따라내고 된녹말을 사용할 수도 있다.
- 시험장에서는 시간관계상 마른 녹말을 사용해도 무방하다.
- 채소의 색이 퇴색되지 않도록 볶는 순서에 유의한다.
- 辣椒鷄(라찌아찌)는 매운 조리법으로 고추기름을 사용하여 조리한다.

CRAFTSMAN COOK CHINESE FOOD

▲ 채소 볶기

▲ 소스에 닭고기 넣기

5. 밑간한 닭고기에 달걀, 녹말을 잘 버무려 160℃ 정도의 기름에서 1차 튀김하고, 온도를 올려 다시 한번 바삭하게 튀겨낸다.
6. 팬을 달구어 뜨거워지면 기름을 두르고 대파, 마늘, 생강을 볶아 향이 나면 청주, 간장을 1큰술씩 넣고 마른 고추, 양송이, 표고버섯, 죽순, 피망을 순서대로 볶는다.
7. 여기에 육수(또는 물)를 1컵 정도 붓고 간장, 소금, 후춧가루를 넣어 간을 맞춘 후 청경채를 넣는다.
8. 7.에 물녹말을 풀어 농도가 알맞게 되면 튀긴 닭고기와 고추기름을 넣고 잘 버무려 완성 접시에 담아낸다.

중식조리기능사

빠스고구마
(拔絲地瓜, 빠스띠꽈)
25분

요구사항

주어진 재료를 사용하여 다음과 같이 빠스고구마를 만드시오.
1. 고구마는 껍질을 벗기고 먼저 길게 4등분을 내고, 다시 4cm 길이의 다각형으로 돌려썰기 하시오.
2. 튀김이 바삭하게 되도록 하시오.

CRAFTSMAN COOK CHINESE FOOD

지급 재료

고구마(300g) 1개, 식용유 1,000mL, 흰설탕 100g

시럽
식용유 1큰술(코팅)
설탕 4~5큰술

수험자 유의사항

1. 만드는 순서에 유의하며, 위생과 숙련된 기능평가를 위하여 조리작업 시 맛을 보지 않습니다.
2. 지정된 수험자 지참 준비물 이외의 조리기구나 재료를 시험장 내에 지참할 수 없습니다.
3. 지급재료는 시험 전 확인하여 이상이 있을 경우 시험위원으로부터 조치를 받고 시험 중에는 재료의 교환 및 추가지급은 하지 않습니다.
4. 요구사항 및 지급재료의 규격은 "정도"의 의미를 포함하며, 재료의 크기에 따라 가감하여 채점됩니다.
5. 위생복, 위생모, 앞치마, 마스크를 착용하여야 하며, 시험장비, 조리기구 취급 등 안전에 유의합니다.
6. 다음 사항은 실격에 해당하여 **채점 대상에서 제외**됩니다.
    ① 수험자 본인이 시험 도중 시험에 대한 포기 의사를 표현하는 경우
    ② 위생복, 위생모, 앞치마, 마스크를 착용하지 않은 경우
    ③ 시험시간 내에 과제 두 가지를 제출하지 못한 경우
    ④ 문제의 요구사항대로 과제의 수량이 만들어지지 않은 경우
    ⑤ 구이를 조림 등으로 조리하여 완성품을 요구사항과 다르게 만든 경우
    ⑥ 불을 사용하여 만든 조리작품이 작품 특성에 벗어나는 정도로 타거나 익지 않은 경우
    ⑦ 해당 과제의 지급재료 이외 재료를 사용하거나 석쇠 등 요구사항의 조리기구를 사용하지 않은 경우
    ⑧ 지정된 수험자 지참 준비물 이외의 조리기구를 조리에 사용한 경우
    ⑨ 가스레인지 화구 2개 이상(2개 포함) 사용한 경우
    ⑩ 시험 중 시설, 장비(칼, 가스레인지 등) 사용 시 시험위원 및 타수험자의 시험 진행에 위해를 일으킬 것으로 시험위원 전원이 합의하여 판단한 경우
    ⑪ 요구사항에 표시된 실격 및 부정행위에 해당하는 경우
7. 항목별 배점은 위생상태 및 안전관리 5점, 조리기술 30점, 작품의 평가 15점입니다.
8. 시험시작 전 가벼운 몸 풀기(스트레칭) 동작으로 긴장을 풀고 시험을 시작합니다.

중식조리기능사

만들어 볼까요?

▲ 고구마 썰기

▲ 고구마 튀기기

1. 팬에 튀김 기름을 올린다.
2. 고구마는 껍질을 벗겨 먼저 길게 4등분 내고, 다시 4cm 정도 길이의 다각형으로 돌려 썰어서 찬물에 담갔다가 바로 빼서 물기를 제거한다.
3. 기름 온도가 140~150℃ 정도가 되면 고구마를 튀기고, 160~170℃ 정도로 올려 노릇하게 바싹 튀긴다.
4. 접시에 기름을 발라 두고 찬물 1작은술도 준비한다.

합격 Point!

- 拔絲(빠스)를 만들 때는 시럽(설탕)을 고구마에 고루 묻혀서 젓가락으로 떼었을 때 가느다란 실이 생겨야 한다.
- 地瓜(띠꽈)는 중국어로 고구마를 말한다.
- 시럽이 타지 않게 불 조절에 유의한다.
- 고구마가 1개(中)면 설탕 4큰술, 2개면 5큰술 정도가 적당하다.

▲ 시럽 만들기

▲ 시럽에 고구마 버무리기

5. 팬에 식용유를 두르고 뜨거워지면 설탕을 넣고 가열하면서 설탕이 골고루 녹도록 저어 준다.
6. 갈색이 나는 시럽 상태가 되면 타지 않게 불을 줄이고 고구마를 넣어 재빨리 버무린 후 찬물 1작은술 정도를 끼얹는다. 시럽이 고구마에 골고루 묻으면 기름을 바른 접시에 담아 식힌다.
7. 완성 접시에 담아낸다.

중식조리기능사

부추잡채
(炒九菜, 차오찌우차이)
20분

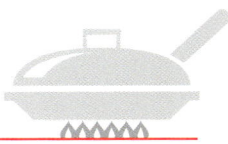

요구사항

주어진 재료를 사용하여 다음과 같이 부추잡채를 만드시오.

1. 부추는 6cm 길이로 써시오.
2. 고기는 0.3cm×6cm 길이로 써시오.
3. 고기는 간을 하여 초벌하시오.

지급 재료

부추(중국부추) 120g, 돼지등심(살코기) 50g, 달걀 1개, 청주 15mL, 소금 5g, 참기름 5mL, 식용유 100mL, 녹말가루(감자전분) 30g

수험자 유의사항

1. 만드는 순서에 유의하며, 위생과 숙련된 기능평가를 위하여 조리작업 시 맛을 보지 않습니다.
2. 지정된 수험자 지참 준비물 이외의 조리기구나 재료를 시험장 내에 지참할 수 없습니다.
3. 지급재료는 시험 전 확인하여 이상이 있을 경우 시험위원으로부터 조치를 받고 시험 중에는 재료의 교환 및 추가지급은 하지 않습니다.
4. 요구사항 및 지급재료의 규격은 "정도"의 의미를 포함하며, 재료의 크기에 따라 가감하여 채점됩니다.
5. 위생복, 위생모, 앞치마, 마스크를 착용하여야 하며, 시험장비, 조리기구 취급 등 안전에 유의합니다.
6. 다음 사항은 실격에 해당하여 **채점 대상에서 제외**됩니다.
    ① 수험자 본인이 시험 도중 시험에 대한 포기 의사를 표현하는 경우
    ② 위생복, 위생모, 앞치마, 마스크를 착용하지 않은 경우
    ③ 시험시간 내에 과제 두 가지를 제출하지 못한 경우
    ④ 문제의 요구사항대로 과제의 수량이 만들어지지 않은 경우
    ⑤ 구이를 조림 등으로 조리하여 완성품을 요구사항과 다르게 만든 경우
    ⑥ 불을 사용하여 만든 조리작품이 작품 특성에 벗어나는 정도로 타거나 익지 않은 경우
    ⑦ 해당 과제의 지급재료 이외 재료를 사용하거나 석쇠 등 요구사항의 조리기구를 사용하지 않은 경우
    ⑧ 지정된 수험자 지참 준비물 이외의 조리기구를 조리에 사용한 경우
    ⑨ 가스레인지 화구 2개 이상(2개 포함) 사용한 경우
    ⑩ 시험 중 시설, 장비(칼, 가스레인지 등) 사용 시 시험위원 및 타수험자의 시험 진행에 위해를 일으킬 것으로 시험위원 전원이 합의하여 판단한 경우
    ⑪ 요구사항에 표시된 실격 및 부정행위에 해당하는 경우
7. 항목별 배점은 위생상태 및 안전관리 5점, 조리기술 30점, 작품의 평가 15점입니다.
8. 시험시작 전 가벼운 몸 풀기(스트레칭) 동작으로 긴장을 풀고 시험을 시작합니다.

만들어 볼까요?

▲ 부추 썰기

▲ 돼지고기 썰기

1. 부추는 깨끗이 씻어 6cm 길이로 자른다. 흰 줄기 부분과 잎 부분을 구분해 썰어 놓는다.
2. 돼지고기는 0.3cm×6cm로 채 썰어 약간의 청주로 밑간하여 달걀흰자와 녹말을 넣고 잘 버무린다.
3. 팬에 고기가 잠길 만큼의 기름을 넣고 끓으면 고기를 익힌 다음 기름기를 뺀다.

 합격 Point!

- 중국부추는 흰 줄기 부분이 두꺼우므로 먼저 볶고 녹색 부분은 나중에 볶아 채소의 색이 퇴색되지 않도록 한다(조선부추는 고기를 넣고 불을 끄고 잔열로 볶는다).
- 돼지고기는 밑간을 하고 달걀흰자와 녹말은 조금만 사용한다.
- 고기를 익히는 온도는 100~120℃ 정도로 한다. 기름 온도가 높으면 고기가 서로 달라붙는다.

▲ 돼지고기 익히기

▲ 부추와 고기 볶기

4. 팬에 기름을 두르고 뜨거워지면 부추의 흰 줄기 부분을 먼저 볶으면서 청주로 향을 내고 소금으로 간을 맞춘다.
5. 4.에 익힌 고기와 부추의 파란 부분을 넣고 잘 섞이도록 볶은 후 참기름을 넣고 버무린다.
6. 완성 접시에 담아낸다.

경장육사
(京醬肉絲, 징짱로우쓰)
30분

요구사항

주어진 재료를 사용하여 경장육사를 만드시오.

1. 돼지고기는 길이 5cm의 얇은 채로 썰고, 간을 하여 초벌하시오.
2. 춘장은 기름에 볶아서 사용하시오.
3. 대파채는 길이 5cm로 어슷하게 채 썰어 매운맛을 빼고 접시에 담으시오.

지급 재료

돼지등심(살코기) 150g, 죽순(통조림) 100g, 대파(흰 부분, 6cm) 3토막, 달걀 1개, 춘장 50g, 흰설탕 30g, 식용유 300mL, 굴소스 30mL, 청주 30mL, 진간장 30mL, 참기름 5mL, 깐마늘 1쪽, 생강 5g, 녹말가루(감자전분) 50g

짜장소스

간장·청주 1작은술
설탕 1작은술
굴소스 1/2작은술
육수 4~5큰술
볶은 춘장 1큰술
물녹말 약간

수험자 유의사항

1. 만드는 순서에 유의하며, 위생과 숙련된 기능평가를 위하여 조리작업 시 맛을 보지 않습니다.
2. 지정된 수험자 지참 준비물 이외의 조리기구나 재료를 시험장 내에 지참할 수 없습니다.
3. 지급재료는 시험 전 확인하여 이상이 있을 경우 시험위원으로부터 조치를 받고 시험 중에는 재료의 교환 및 추가지급은 하지 않습니다.
4. 요구사항 및 지급재료의 규격은 "정도"의 의미를 포함하며, 재료의 크기에 따라 가감하여 채점됩니다.
5. 위생복, 위생모, 앞치마, 마스크를 착용하여야 하며, 시험장비, 조리기구 취급 등 안전에 유의합니다.
6. 다음 사항은 실격에 해당하여 **채점 대상에서 제외**됩니다.
    ① 수험자 본인이 시험 도중 시험에 대한 포기 의사를 표현하는 경우
    ② 위생복, 위생모, 앞치마, 마스크를 착용하지 않은 경우
    ③ 시험시간 내에 과제 두 가지를 제출하지 못한 경우
    ④ 문제의 요구사항대로 과제의 수량이 만들어지지 않은 경우
    ⑤ 구이를 조림 등으로 조리하여 완성품을 요구사항과 다르게 만든 경우
    ⑥ 불을 사용하여 만든 조리작품이 작품 특성에 벗어나는 정도로 타거나 익지 않은 경우
    ⑦ 해당 과제의 지급재료 이외 재료를 사용하거나 석쇠 등 요구사항의 조리기구를 사용하지 않은 경우
    ⑧ 지정된 수험자 지참 준비물 이외의 조리기구를 조리에 사용한 경우
    ⑨ 가스레인지 화구 2개 이상(2개 포함) 사용한 경우
    ⑩ 시험 중 시설, 장비(칼, 가스레인지 등) 사용 시 시험위원 및 타수험자의 시험 진행에 위해를 일으킬 것으로 시험위원 전원이 합의하여 판단한 경우
    ⑪ 요구사항에 표시된 실격 및 부정행위에 해당하는 경우
7. 항목별 배점은 위생상태 및 안전관리 5점, 조리기술 30점, 작품의 평가 15점입니다.
8. 시험시작 전 가벼운 몸 풀기(스트레칭) 동작으로 긴장을 풀고 시험을 시작합니다.

중식조리기능사

🍴 만들어 볼까요?

▲ 대파 매운맛 빼기

▲ 재료 손질하기

1. 대파의 2/3는 길이 5cm 정도의 가는 어슷채로 썰어 찬물에 담가 둔다.
2. 죽순은 채로 썰고, 나머지 대파와 마늘, 생강은 잘게 썰거나 다진다.
3. 팬에 기름을 넉넉히 넣고 춘장을 볶아 놓는다.
4. 돼지고기는 5cm 정도의 얇은 채로 썰어 간장, 청주로 밑간하여 달걀흰자와 녹말을 넣고 잘 버무린다.
5. 팬에 고기가 잠길 정도의 기름을 넣고 끓으면 중불에서 고기를 익힌 다음 체로 건져 기름을 뺀다.

🍴 합격 Point!

- 대파는 가는 채로 썰어 찬물에 담가 매운맛을 제거한다.
- 시험장에서 제시된 재료에 맞추어 볶은 짜장을 적절히 사용하고 짜장소스의 간에 유의한다(굴소스에 이미 간이 되어 있기 때문이다).

▲ 짜장소스 만들기

▲ 짜장소스에 돼지고기 넣기

6. 팬에 기름을 두르고 뜨거워지면 잘게 썬 대파, 마늘, 생강을 볶고 간장, 청주를 넣어 향을 낸 후 죽순을 넣어 볶는다. 볶은 춘장에 육수를 붓고 설탕, 굴소스, 물전분으로 농도를 맞춰 짜장소스를 만든다.
7. 짜장소스에 익힌 돼지고기를 볶은 후 물녹말로 농도를 맞추고 마지막에 참기름을 쳐서 버무린다.
8. 찬물에 담가둔 파채는 물기를 제거한다.
9. 완성 접시에 파채를 담고 그 위에 볶은 짜장고기를 얹어낸다.

유니짜장면
(肉泥炸醬麵, 유니자장미엔)
30분

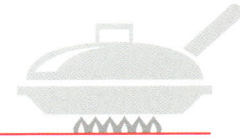

요구사항

주어진 재료를 사용하여 다음과 같이 유니짜장면을 만드시오.

1. 춘장은 기름에 볶아서 사용하시오.
2. 양파, 호박은 0.5cm×0.5cm 크기의 네모꼴로 써시오.
3. 중화면은 끓는 물에 삶아 찬물에 헹군 후 데쳐 사용하시오.
4. 삶은 면에 짜장소스를 부어 오이채를 올려내시오.

지급 재료

돼지등심(다진 살코기) 50g, 중화면(생면) 150g, 양파(150g) 1개, 호박(애호박) 50g, 오이(20cm) 1/4개, 춘장 50g, 생강 10g, 진간장 50mL, 청주 50mL, 소금 10g, 흰설탕 20g, 참기름 10mL, 녹말가루(감자전분) 50g, 식용유 100mL

수험자 유의사항

1. 만드는 순서에 유의하며, 위생과 숙련된 기능평가를 위하여 조리작업 시 맛을 보지 않습니다.
2. 지정된 수험자 지참 준비물 이외의 조리기구나 재료를 시험장 내에 지참할 수 없습니다.
3. 지급재료는 시험 전 확인하여 이상이 있을 경우 시험위원으로부터 조치를 받고 시험 중에는 재료의 교환 및 추가지급은 하지 않습니다.
4. 요구사항 및 지급재료의 규격은 "정도"의 의미를 포함하며, 재료의 크기에 따라 가감하여 채점됩니다.
5. 위생복, 위생모, 앞치마, 마스크를 착용하여야 하며, 시험장비, 조리기구 취급 등 안전에 유의합니다.
6. 다음 사항은 실격에 해당하여 **채점 대상에서 제외**됩니다.
    ① 수험자 본인이 시험 도중 시험에 대한 포기 의사를 표현하는 경우
    ② 위생복, 위생모, 앞치마, 마스크를 착용하지 않은 경우
    ③ 시험시간 내에 과제 두 가지를 제출하지 못한 경우
    ④ 문제의 요구사항대로 과제의 수량이 만들어지지 않은 경우
    ⑤ 구이를 조림 등으로 조리하여 완성품을 요구사항과 다르게 만든 경우
    ⑥ 불을 사용하여 만든 조리작품이 작품 특성에 벗어나는 정도로 타거나 익지 않은 경우
    ⑦ 해당 과제의 지급재료 이외 재료를 사용하거나 석쇠 등 요구사항의 조리기구를 사용하지 않은 경우
    ⑧ 지정된 수험자 지참 준비물 이외의 조리기구를 조리에 사용한 경우
    ⑨ 가스레인지 화구 2개 이상(2개 포함) 사용한 경우
    ⑩ 시험 중 시설, 장비(칼, 가스레인지 등) 사용 시 시험위원 및 타수험자의 시험 진행에 위해를 일으킬 것으로 시험위원 전원이 합의하여 판단한 경우
    ⑪ 요구사항에 표시된 실격 및 부정행위에 해당하는 경우
7. 항목별 배점은 위생상태 및 안전관리 5점, 조리기술 30점, 작품의 평가 15점입니다.
8. 시험시작 전 가벼운 몸 풀기(스트레칭) 동작으로 긴장을 풀고 시험을 시작합니다.

만들어 볼까요?

▲ 재료 손질하기

▲ 춘장을 기름에 볶기

1. 재료는 깨끗이 씻어 준비한다.
2. 양파, 호박은 0.5cm×0.5cm 정도 크기로 썬다.
3. 생강은 곱게 다져 준비한다.
4. 제시된 다진 살코기를 한 번 더 다져준다.
5. 오이는 돌기 부분을 제거하고 채를 썰어 놓는다.

합격 Point!

- 면이 불지 않도록 미리 삶아 놓지 않는다.
- 볶은 짜장은 적절하게 사용해 색과 농도에 유의한다.

▲ 삶은 면을 뜨거운 물에 데치기

▲ 오이채 얹어내기

6. 중화면은 끓는 물에 삶아 찬물에 헹군다.
7. 춘장은 기름에 볶아 준비한다.
8. 팬에 식용유를 넣고 뜨거워지면 생강, 양파(약간), 고기를 넣어 볶다가 청주와 간장으로 향을 낸 후 나머지 양파와 호박을 넣고 춘장(볶음춘장)을 넣어 고루 볶아준다.
9. 8.에 육수(또는 물)를 붓고 소금, 설탕, 간장을 넣어 간을 하고 끓으면 물녹말로 걸쭉하게 하여 참기름을 약간 쳐서 낸다.
10. 중화면은 뜨거운 물에 데쳐서 그릇에 담고 짜장소스를 부은 뒤 오이채를 위에 올려낸다.

중식조리기능사

울면
(溫滷麵, 울미엔)
30분

> 요구사항

주어진 재료를 사용하여 다음과 같이 울면을 만드시오.

1. 오징어, 대파, 양파, 당근, 배춧잎은 6cm 길이로 채를 써시오.
2. 중화면은 끓는 물에 삶아 찬물에 헹군 후 데쳐 사용하시오.
3. 소스는 농도를 잘 맞춘 다음, 달걀을 풀 때 덩어리지지 않게 하시오.

지급 재료

중화면(생면) 150g, 오징어(몸통) 50g, 작은 새우살 20g,
조선부추 10g, 대파(흰 부분, 6cm) 1토막, 깐마늘 3쪽,
당근(6cm) 20g, 배춧잎 20g(1/2잎), 건목이버섯 1개,
양파(150g) 1/4개, 달걀 1개, 진간장 5mL, 청주 30mL, 참기름 5mL,
소금 5g, 녹말가루(감자전분) 20g, 흰 후춧가루 3g

수험자 유의사항

1. 만드는 순서에 유의하며, 위생과 숙련된 기능평가를 위하여 조리작업 시 맛을 보지 않습니다.
2. 지정된 수험자 지참 준비물 이외의 조리기구나 재료를 시험장 내에 지참할 수 없습니다.
3. 지급재료는 시험 전 확인하여 이상이 있을 경우 시험위원으로부터 조치를 받고 시험 중에는 재료의 교환 및 추가지급은 하지 않습니다.
4. 요구사항 및 지급재료의 규격은 "정도"의 의미를 포함하며, 재료의 크기에 따라 가감하여 채점됩니다.
5. 위생복, 위생모, 앞치마, 마스크를 착용하여야 하며, 시험장비, 조리기구 취급 등 안전에 유의합니다.
6. 다음 사항은 실격에 해당하여 **채점 대상에서 제외**됩니다.
    ① 수험자 본인이 시험 도중 시험에 대한 포기 의사를 표현하는 경우
    ② 위생복, 위생모, 앞치마, 마스크를 착용하지 않은 경우
    ③ 시험시간 내에 과제 두 가지를 제출하지 못한 경우
    ④ 문제의 요구사항대로 과제의 수량이 만들어지지 않은 경우
    ⑤ 구이를 조림 등으로 조리하여 완성품을 요구사항과 다르게 만든 경우
    ⑥ 불을 사용하여 만든 조리작품이 작품 특성에 벗어나는 정도로 타거나 익지 않은 경우
    ⑦ 해당 과제의 지급재료 이외 재료를 사용하거나 석쇠 등 요구사항의 조리기구를 사용하지 않은 경우
    ⑧ 지정된 수험자 지참 준비물 이외의 조리기구를 조리에 사용한 경우
    ⑨ 가스레인지 화구 2개 이상(2개 포함) 사용한 경우
    ⑩ 시험 중 시설, 장비(칼, 가스레인지 등) 사용 시 시험위원 및 타수험자의 시험 진행에 위해를 일으킬 것으로 시험위원 전원이 합의하여 판단한 경우
    ⑪ 요구사항에 표시된 실격 및 부정행위에 해당하는 경우
7. 항목별 배점은 위생상태 및 안전관리 5점, 조리기술 30점, 작품의 평가 15점입니다.
8. 시험시작 전 가벼운 몸 풀기(스트레칭) 동작으로 긴장을 풀고 시험을 시작합니다.

중식조리기능사

🍴 만들어 볼까요?

▲ 재료 손질하기

▲ 삶은 면을 뜨거운 물에 데치기

1. 재료는 깨끗이 씻어 준비한다.
2. 배춧잎, 부추, 당근은 6cm 정도 길이로 채 썰고 오징어는 껍질을 제거하여 6cm 길이로 채 썬다.
3. 새우살은 내장을 제거하고, 양파, 대파를 6cm 정도 길이로 채 썬다. 목이버섯은 물에 불려서 뜯어 놓고 마늘은 다진다.
4. 중화면을 삶아 찬물에 헹군 후 다시 뜨거운 물에 데쳐 놓는다.

🍴 합격 Point!

- 중화면은 찬물을 3번 이상 부어 가며 충분히 익힌다.
- 물녹말 농도에 유의하고 달걀은 잘 풀어 뭉치지 않게 한다.

▲ 재료 볶아 끓이기

▲ 완성 그릇에 담기

5. 팬에 육수를 넣고 간장, 청주를 넣은 뒤 끓으면 부추를 제외한 모든 재료를 넣고 소금, 흰 후춧가루로 간을 한 후 더 끓인다.
6. 육수가 끓으면 물녹말을 넣어 걸쭉하게 만들고 마지막에 부추를 넣는다. 달걀은 풀어서 넣는다.
7. 참기름을 넣고 완성한 후 면 위에 부어낸다.

탕수생선살
(糖醋魚塊, 탕쿼유콰이)
30분

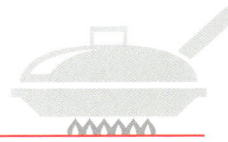

요구사항

주어진 재료를 사용하여 다음과 같이 탕수생선살을 만드시오.

1. 생선살은 1cm×4cm 크기로 썰어 사용하시오.
2. 채소는 편으로 썰어 사용하시오.

CRAFTSMAN COOK CHINESE FOOD

 ## 지급 재료

흰 생선살(동태 또는 대구, 껍질 벗긴 것) 150g, 당근 30g, 오이(20cm) 1/6개, 완두콩 20g, 파인애플(통조림) 1쪽, 건목이버섯 1개, 녹말가루(감자전분) 100g, 식용유 600mL, 식초 60mL, 흰설탕 100g, 진간장 30mL, 달걀 1개

수험자 유의사항

1. 만드는 순서에 유의하며, 위생과 숙련된 기능평가를 위하여 조리작업 시 맛을 보지 않습니다.
2. 지정된 수험자 지참 준비물 이외의 조리기구나 재료를 시험장 내에 지참할 수 없습니다.
3. 지급재료는 시험 전 확인하여 이상이 있을 경우 시험위원으로부터 조치를 받고 시험 중에는 재료의 교환 및 추가지급은 하지 않습니다.
4. 요구사항 및 지급재료의 규격은 "정도"의 의미를 포함하며, 재료의 크기에 따라 가감하여 채점됩니다.
5. 위생복, 위생모, 앞치마, 마스크를 착용하여야 하며, 시험장비, 조리기구 취급 등 안전에 유의합니다.
6. 다음 사항은 실격에 해당하여 **채점 대상에서 제외**됩니다.
    ① 수험자 본인이 시험 도중 시험에 대한 포기 의사를 표현하는 경우
    ② 위생복, 위생모, 앞치마, 마스크를 착용하지 않은 경우
    ③ 시험시간 내에 과제 두 가지를 제출하지 못한 경우
    ④ 문제의 요구사항대로 과제의 수량이 만들어지지 않은 경우
    ⑤ 구이를 조림 등으로 조리하여 완성품을 요구사항과 다르게 만든 경우
    ⑥ 불을 사용하여 만든 조리작품이 작품 특성에 벗어나는 정도로 타거나 익지 않은 경우
    ⑦ 해당 과제의 지급재료 이외 재료를 사용하거나 석쇠 등 요구사항의 조리기구를 사용하지 않은 경우
    ⑧ 지정된 수험자 지참 준비물 이외의 조리기구를 조리에 사용한 경우
    ⑨ 가스레인지 화구 2개 이상(2개 포함) 사용한 경우
    ⑩ 시험 중 시설, 장비(칼, 가스레인지 등) 사용 시 시험위원 및 타수험자의 시험 진행에 위해를 일으킬 것으로 시험위원 전원이 합의하여 판단한 경우
    ⑪ 요구사항에 표시된 실격 및 부정행위에 해당하는 경우
7. 항목별 배점은 위생상태 및 안전관리 5점, 조리기술 30점, 작품의 평가 15점입니다.
8. 시험시작 전 가벼운 몸 풀기(스트레칭) 동작으로 긴장을 풀고 시험을 시작합니다.

중식조리기능사

만들어 볼까요?

▲ 재료 손질하기

▲ 생선살 썰기

1. 재료를 깨끗이 손질한다.
2. 녹말가루를 반 정도 물에 불린다.
3. 당근, 오이는 편으로 썰고, 파인애플은 8등분한다. 목이버섯은 물에 불려서 적당한 크기로 뜯어 놓는다.
4. 튀김 식용유를 올려 준비한다.

 합격 Point!

- 튀긴 생선살은 바삭함이 유지되도록 1차는 고기가 익도록 150~160℃에서 튀기고, 2차는 고온(170~180℃)에서 튀겨 수분을 없앤다.
- 맛은 단맛과 신맛의 배합이 맞도록 한다.
- 달걀은 적당하게 사용한다.

▲ 튀김옷 입혀 생선살 튀기기

▲ 탕수소스 만들기

5. 생선살은 길이 4cm, 두께 1cm 정도로 썰어 물기를 제거하고 달걀흰자와 된녹말을 넣어 반죽하여 150~160℃ 온도에서 1차 튀김하고, 온도를 올려 다시 한번 바삭하게 튀겨낸다.

6. 팬에 기름을 두르고 뜨거워지면 목이버섯, 당근, 오이를 넣고 육수(300mL), 설탕 5큰술, 식초 3큰술, 간장을 넣는다. 소스가 끓으면 파인애플, 완두콩, 녹말물을 조금씩 넣어 가며 농도를 맞춘다.

7. 튀긴 생선살에 소스를 부어 완성한다.

중식조리기능사

새우볶음밥
(蝦仁炒飯, 샤런챠오판)
30분

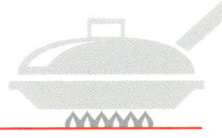

요구사항

주어진 재료를 사용하여 다음과 같이 새우볶음밥을 만드시오.
1. 새우는 내장을 제거하고 데쳐서 사용하시오.
2. 채소는 0.5cm 크기의 주사위 모양으로 써시오.
3. 부드럽게 볶은 달걀에 밥, 채소, 새우를 넣어 질지 않게 볶아 전량 제출하시오.

지급 재료

작은 새우살 30g, 달걀 1개, 대파(흰 부분, 6cm) 1토막, 당근 20g, 청피망(75g) 1/3개, 식용유 50mL, 소금 5g, 쌀(30분 정도 물에 불린 쌀) 150g, 흰 후춧가루 5g

수험자 유의사항

1. 만드는 순서에 유의하며, 위생과 숙련된 기능평가를 위하여 조리작업 시 맛을 보지 않습니다.
2. 지정된 수험자 지참 준비물 이외의 조리기구나 재료를 시험장 내에 지참할 수 없습니다.
3. 지급재료는 시험 전 확인하여 이상이 있을 경우 시험위원으로부터 조치를 받고 시험 중에는 재료의 교환 및 추가지급은 하지 않습니다.
4. 요구사항 및 지급재료의 규격은 "정도"의 의미를 포함하며, 재료의 크기에 따라 가감하여 채점됩니다.
5. 위생복, 위생모, 앞치마, 마스크를 착용하여야 하며, 시험장비, 조리기구 취급 등 안전에 유의합니다.
6. 다음 사항은 실격에 해당하여 **채점 대상에서 제외**됩니다.
    ① 수험자 본인이 시험 도중 시험에 대한 포기 의사를 표현하는 경우
    ② 위생복, 위생모, 앞치마, 마스크를 착용하지 않은 경우
    ③ 시험시간 내에 과제 두 가지를 제출하지 못한 경우
    ④ 문제의 요구사항대로 과제의 수량이 만들어지지 않은 경우
    ⑤ 구이를 조림 등으로 조리하여 완성품을 요구사항과 다르게 만든 경우
    ⑥ 불을 사용하여 만든 조리작품이 작품 특성에 벗어나는 정도로 타거나 익지 않은 경우
    ⑦ 해당 과제의 지급재료 이외 재료를 사용하거나 석쇠 등 요구사항의 조리기구를 사용하지 않은 경우
    ⑧ 지정된 수험자 지참 준비물 이외의 조리기구를 조리에 사용한 경우
    ⑨ 가스레인지 화구 2개 이상(2개 포함) 사용한 경우
    ⑩ 시험 중 시설, 장비(칼, 가스레인지 등) 사용 시 시험위원 및 타수험자의 시험 진행에 위해를 일으킬 것으로 시험위원 전원이 합의하여 판단한 경우
    ⑪ 요구사항에 표시된 실격 및 부정행위에 해당하는 경우
7. 항목별 배점은 위생상태 및 안전관리 5점, 조리기술 30점, 작품의 평가 15점입니다.
8. 시험시작 전 가벼운 몸 풀기(스트레칭) 동작으로 긴장을 풀고 시험을 시작합니다.

만들어 볼까요?

▲ 재료 손질하기

▲ 새우 데치기

1. 밥은 질지 않게 지어 식힌다.
2. 당근, 청피망은 0.5cm 정도 크기의 주사위 모양으로 썰고 대파도 잘게 썰어 놓는다.
3. 새우는 내장을 제거하고 끓는 물에 데친다.
4. 달걀은 젓가락으로 잘 푼다.

합격 Point!

- 볶음밥은 약간 되직하게 지어야 잘 볶아진다.
- 달걀은 뭉치지 않게 익기 전에 젓가락으로 잘 풀어가며 부드럽게 익힌다.
- 밥이 으깨어지지 않도록 주걱을 세워서 볶는다.

▲ 달걀 풀기

▲ 밥 볶기

5. 팬을 가열하여 식용유를 2큰술 정도 넣고 달걀 푼 것을 넣은 후 익을 때까지 젓가락으로 잘 저어 주며 볶는다.

6. 5.에 밥을 넣어 볶는다.

7. 준비된 채소와 새우를 넣어 볶다가 소금, 흰 후춧가루로 간을 한 다음 2~3분간 센 불에서 다시 한번 볶아 완성한다.

8. 완성 그릇에 볶음밥을 보기 좋게 담아낸다.

CRAFTSMAN COOK JAPANESE FOOD
일식조리기능사

갑오징어 명란무침•김초밥•달걀찜•도미머리 맑은국•도미조림
문어초회•삼치 소금구이•생선초밥•소고기 간장구이•소고기 덮밥
도미술찜•대합 맑은국•참치 김초밥•해삼초회•된장국•달걀말이
우동볶음(야끼우동)•메밀국수(자루소바)•전복버터구이

합격을 위한 선택!
시대 Plus+와 함께하는 무료 동영상 강의 수강방법
1. www.edusd.co.kr/sidaeplus 접속 →
   회원가입 → 로그인
2. 자격증 → 기능사/산업기사 →
   조리기능사 카테고리 클릭
3. 강의목록 클릭 후 원하는 강의 수강

갑오징어 명란무침
(いかのさくらあえ, 이카노사쿠라아에)
20분

요구사항

주어진 재료를 사용하여 다음과 같이 갑오징어 명란무침을 만드시오.
1. 명란젓은 껍질을 제거하고 알만 사용하시오.
2. 갑오징어는 속껍질을 제거하여 사용하시오.
3. 갑오징어를 두께 0.3cm로 채 썰어 청주를 넣은 물에 데쳐 사용하시오.

지급 재료

소금 2g, 명란젓 40g, 무순 10g, 청주 30mL, 갑오징어 몸살 70g, 청차조기잎(시소, 깻잎으로 대체 가능) 1장

수험자 유의사항

1. 만드는 순서에 유의하며, 위생과 숙련된 기능평가를 위하여 조리작업 시 맛을 보지 않습니다.
2. 지정된 수험자 지참 준비물 이외의 조리기구나 재료를 시험장 내에 지참할 수 없습니다.
3. 지급재료는 시험 전 확인하여 이상이 있을 경우 시험위원으로부터 조치를 받고 시험 중에는 재료의 교환 및 추가지급은 하지 않습니다.
4. 요구사항 및 지급재료의 규격은 "정도"의 의미를 포함하며, 재료의 크기에 따라 가감하여 채점됩니다.
5. 위생복, 위생모, 앞치마, 마스크를 착용하여야 하며, 시험장비, 조리기구 취급 등 안전에 유의합니다.
6. 다음 사항은 실격에 해당하여 **채점 대상에서 제외**됩니다.
   ① 수험자 본인이 시험 도중 시험에 대한 포기 의사를 표현하는 경우
   ② 위생복, 위생모, 앞치마, 마스크를 착용하지 않은 경우
   ③ 시험시간 내에 과제 두 가지를 제출하지 못한 경우
   ④ 문제의 요구사항대로 과제의 수량이 만들어지지 않은 경우
   ⑤ 구이를 조림 등으로 조리하여 완성품을 요구사항과 다르게 만든 경우
   ⑥ 불을 사용하여 만든 조리작품이 작품 특성에 벗어나는 정도로 타거나 익지 않은 경우
   ⑦ 해당 과제의 지급재료 이외 재료를 사용하거나 석쇠 등 요구사항의 조리기구를 사용하지 않은 경우
   ⑧ 지정된 수험자 지참 준비물 이외의 조리기구를 조리에 사용한 경우
   ⑨ 가스레인지 화구 2개 이상(2개 포함) 사용한 경우
   ⑩ 시험 중 시설, 장비(칼, 가스레인지 등) 사용 시 시험위원 및 타수험자의 시험 진행에 위해를 일으킬 것으로 시험위원 전원이 합의하여 판단한 경우
   ⑪ 요구사항에 표시된 실격 및 부정행위에 해당하는 경우
7. 항목별 배점은 위생상태 및 안전관리 5점, 조리기술 30점, 작품의 평가 15점입니다.
8. 시험시작 전 가벼운 몸 풀기(스트레칭) 동작으로 긴장을 풀고 시험을 시작합니다.

만들어 볼까요?

▲ 청차조기잎, 무순 찬물에 담그기

▲ 오징어 껍질 벗기기

1. 청차조기잎과 무순은 찬물에 담가 놓는다.
2. 갑오징어는 다리와 내장을 제거하고 겉껍질과 속껍질을 벗긴 후 포를 떠서 두께 0.3cm 정도로 가늘게 채 썬다.
3. 따끈한 물(50℃ 전후)에 청주를 넣고 채 썬 갑오징어를 데친 후 수분을 제거한다.

합격 Point!
- 갑오징어는 손질 후 반드시 미지근한 청주물에 데쳐야 한다.
- 명란은 양념과 껍질 등이 들어가지 않게 한다.
- 갑오징어 길이는 5cm 정도가 적당하다.
- 무친 상태는 연한 분홍빛이 돌게 한다.

CRAFTSMAN COOK JAPANESE FOOD

▲ 오징어 데치기

▲ 명란과 갑오징어 무치기

4. 명란젓은 반으로 갈라 칼집을 넣어 껍질 속 알만 칼등으로 긁어낸다.
5. 데쳐서 수분을 제거한 갑오징어와 명란알을 섞고, 청주와 소금을 약간 넣어 나무젓가락으로 고르게 버무린다.
6. 완성 접시에 청차조기잎을 깐 후 갑오징어 명란무침을 담고, 앞쪽으로 뿌리를 다듬은 무순을 세워 담는다.

김초밥
(のりまきずし, 노리마키즈시)
25분

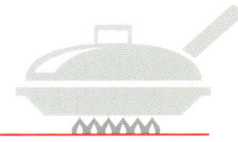

요구사항

주어진 재료를 사용하여 다음과 같이 김초밥을 만드시오.

1. 박고지, 달걀말이, 오이 등 김초밥 속재료를 만드시오.
2. 초밥초를 만들어 밥에 간하여 식히시오.
3. 김초밥은 일정한 두께와 크기로 8등분하여 담으시오.
4. 간장을 곁들여 제출하시오.

지급 재료

김(초밥김) 1장, 밥(뜨거운 밥) 200g, 달걀 2개, 박고지 10g,
통생강 30g, 오이(20cm) 1/4개, 오보로 10g, 식초 70mL,
흰설탕 50g, 소금 20g, 식용유 10mL, 진간장 20mL,
맛술(미림) 10mL, 청차조기잎(시소, 깻잎으로 대체 가능) 1장

배합초
식초 3큰술
설탕 2큰술
소금 1작은술

달걀말이
달걀 2개
물 1큰술
설탕 1/2작은술
맛술, 소금 약간

박고지 조림장
물 1/2컵
간장 2큰술
설탕 1큰술
맛술 10mL

수험자 유의사항

1. 만드는 순서에 유의하며, 위생과 숙련된 기능평가를 위하여 조리작업 시 맛을 보지 않습니다.
2. 지정된 수험자 지참 준비물 이외의 조리기구나 재료를 시험장 내에 지참할 수 없습니다.
3. 지급재료는 시험 전 확인하여 이상이 있을 경우 시험위원으로부터 조치를 받고 시험 중에는 재료의 교환 및 추가지급은 하지 않습니다.
4. 요구사항 및 지급재료의 규격은 "정도"의 의미를 포함하며, 재료의 크기에 따라 가감하여 채점됩니다.
5. 위생복, 위생모, 앞치마, 마스크를 착용하여야 하며, 시험장비, 조리기구 취급 등 안전에 유의합니다.
6. 다음 사항은 실격에 해당하여 **채점 대상에서 제외**됩니다.
    ① 수험자 본인이 시험 도중 시험에 대한 포기 의사를 표현하는 경우
    ② 위생복, 위생모, 앞치마, 마스크를 착용하지 않은 경우
    ③ 시험시간 내에 과제 두 가지를 제출하지 못한 경우
    ④ 문제의 요구사항대로 과제의 수량이 만들어지지 않은 경우
    ⑤ 구이를 조림 등으로 조리하여 완성품을 요구사항과 다르게 만든 경우
    ⑥ 불을 사용하여 만든 조리작품이 작품 특성에 벗어나는 정도로 타거나 익지 않은 경우
    ⑦ 해당 과제의 지급재료 이외 재료를 사용하거나 석쇠 등 요구사항의 조리기구를 사용하지 않은 경우
    ⑧ 지정된 수험자 지참 준비물 이외의 조리기구를 조리에 사용한 경우
    ⑨ 가스레인지 화구 2개 이상(2개 포함) 사용한 경우
    ⑩ 시험 중 시설, 장비(칼, 가스레인지 등) 사용 시 시험위원 및 타수험자의 시험 진행에 위해를 일으킬 것으로 시험위원 전원이 합의하여 판단한 경우
    ⑪ 요구사항에 표시된 실격 및 부정행위에 해당하는 경우
7. 항목별 배점은 위생상태 및 안전관리 5점, 조리기술 30점, 작품의 평가 15점입니다.
8. 시험시작 전 가벼운 몸 풀기(스트레칭) 동작으로 긴장을 풀고 시험을 시작합니다.

만들어 볼까요?

▲ 배합초 만들어 밥에 간하기

▲ 달걀말이 말기

1. 밥이 뜨거울 때 살짝 끓인 배합초를 넣고 고루 섞어 식힌 후 젖은 면보로 덮어둔다.
2. 청차조기잎은 찬물에 담가둔다.
3. 오이는 사방 1cm 굵기로 길게 자르고 씨 부분을 도려낸 후 소금에 절여 물기를 제거한다.
4. 생강은 얇게 썰어 소금물에 데쳐서 남은 배합초에 담가둔다.
5. 달걀은 풀어서 설탕 1/2작은술, 소금과 맛술 약간, 물 1큰술을 넣고 고루 섞은 후 체에 거른다. 팬에 기름을 약간 두르고 약불에서 달걀말이를 하여 사각 기둥으로 만든다.

합격 Point!

- 박고지는 따뜻한 물에 충분히 불려 사용하고 윤기나게 조린다.
- 배합초는 밥에 적당량만 사용한다.
- 밥이 식기 전에 배합초를 섞어야 물기가 들지 않는다.
- 조린 박고지는 꽈리를 틀어 김밥 속에 넣어야 식었을 때 단면이 정돈되게 나온다.
- 김은 살짝 구워서 사용한다.

▲ 박고지 물에 불려서 조리기

▲ 속재료 준비하기

6. 박고지는 따뜻한 물에 불려 잘 씻은 후 간장, 설탕, 맛술, 물을 넣고 조린 뒤 식혀서 꽈리를 틀어 놓는다.
7. 김은 살짝 구워 김발 위에 놓고 초밥을 앞쪽으로부터 4/5 정도 깔리도록 편 다음 생선오보로를 중심에 뿌려 주고 달걀말이, 오이, 박고지를 가운데 오도록 말아 8등분으로 자른다.
8. 접시에 청차조기잎을 깐 후 생강초로 장식하고 김초밥을 담는다.
9. 간장을 곁들여 낸다.

일식조리기능사

달걀찜
(ちゃわんむし, 자완무시)
30분

요구사항

주어진 재료를 사용하여 다음과 같이 달걀찜을 만드시오.

1. 찜 속재료는 각각 썰어 간 하시오.
2. 나중에 넣을 것과 처음에 넣을 것을 구분하시오.
3. 가다랑어포로 다시(국물)를 만들어 식혀서 달걀과 섞으시오.

지급 재료

달걀 1개, 잔새우(6~7cm) 1마리, 어묵(판어묵) 15g, 닭고기살 20g, 생표고버섯(10g) 1/2개, 가다랑어포(가쓰오부시) 10g, 밤 1/2개, 흰 생선살 20g, 은행(겉껍질 깐 것) 2개, 쑥갓 10g, 진간장 10mL, 소금 5g, 청주 10mL, 레몬 1/4개, 죽순 10g, 건다시마(5×10cm) 1장, 이쑤시개 1개, 맛술(미림) 10mL

달걀찜 국물

달걀
다시물
청주 약간
소금 약간
맛술 약간

수험자 유의사항

1. 만드는 순서에 유의하며, 위생과 숙련된 기능평가를 위하여 조리작업 시 맛을 보지 않습니다.
2. 지정된 수험자 지참 준비물 이외의 조리기구나 재료를 시험장 내에 지참할 수 없습니다.
3. 지급재료는 시험 전 확인하여 이상이 있을 경우 시험위원으로부터 조치를 받고 시험 중에는 재료의 교환 및 추가지급은 하지 않습니다.
4. 요구사항 및 지급재료의 규격은 "정도"의 의미를 포함하며, 재료의 크기에 따라 가감하여 채점됩니다.
5. 위생복, 위생모, 앞치마, 마스크를 착용하여야 하며, 시험장비, 조리기구 취급 등 안전에 유의합니다.
6. 다음 사항은 실격에 해당하여 **채점 대상에서 제외**됩니다.
    ① 수험자 본인이 시험 도중 시험에 대한 포기 의사를 표현하는 경우
    ② 위생복, 위생모, 앞치마, 마스크를 착용하지 않은 경우
    ③ 시험시간 내에 과제 두 가지를 제출하지 못한 경우
    ④ 문제의 요구사항대로 과제의 수량이 만들어지지 않은 경우
    ⑤ 구이를 조림 등으로 조리하여 완성품을 요구사항과 다르게 만든 경우
    ⑥ 불을 사용하여 만든 조리작품이 작품 특성에 벗어나는 정도로 타거나 익지 않은 경우
    ⑦ 해당 과제의 지급재료 이외 재료를 사용하거나 석쇠 등 요구사항의 조리기구를 사용하지 않은 경우
    ⑧ 지정된 수험자 지참 준비물 이외의 조리기구를 조리에 사용한 경우
    ⑨ 가스레인지 화구 2개 이상(2개 포함) 사용한 경우
    ⑩ 시험 중 시설, 장비(칼, 가스레인지 등) 사용 시 시험위원 및 타수험자의 시험 진행에 위해를 일으킬 것으로 시험위원 전원이 합의하여 판단한 경우
    ⑪ 요구사항에 표시된 실격 및 부정행위에 해당하는 경우
7. 항목별 배점은 위생상태 및 안전관리 5점, 조리기술 30점, 작품의 평가 15점입니다.
8. 시험시작 전 가벼운 몸 풀기(스트레칭) 동작으로 긴장을 풀고 시험을 시작합니다.

🍴 만들어 볼까요?

▲ 다시물 만들기

▲ 재료 준비하기

1. 손질한 다시마를 찬물에 넣고 끓으면 건져내어 불을 끈 다음, 가다랑어포를 넣어 5분 정도 지나면 면보에 걸러 다시물을 만든다.
2. 쑥갓은 물에 담그고 데칠 물을 준비한다.
3. 새우는 내장을 빼서 데친 후 껍질을 벗기고, 은행은 삶아서 껍질을 제거한다.
4. 흰 생선살은 소금과 청주로 밑간하고, 닭고기살도 발라서 간장과 청주에 재웠다가 각각 데친다.
5. 밤은 석쇠에 구워 껍질을 벗긴 후 1cm로 자르고, 어묵, 죽순, 표고버섯도 사방 1cm 크기로 썰어 데친다.

🍴 합격 Point!

- 다시물을 식혀서 사용한다(뜨거우면 달걀물이 응고되기 때문이다).
- 재료는 사방 1cm 정도가 적당하다.
- 찜을 할 때는 불 조절에 유의한다(물의 온도가 높으면 기포가 생긴다).
- 처음에 넣을 것과 나중에 넣을 것을 구분하고, 잘 익혀야 한다.

▲ 달걀물 체에 내리기

▲ 재료 넣어 달걀찜하기

6. 달걀을 잘 푼 다음 소금, 청주, 맛술, 식힌 다시물을 넣어 간을 한 후 체에 내려 찜그릇에 담는다 (달걀 : 다시물 = 1 : 2 정도).
7. 재료를 넣은 찜그릇을 냄비에 넣고 불을 약하게 하여 15분 정도 찐다.
8. 달걀 표면이 응고되면 오리발과 쑥갓잎을 얹는다.

도미머리 맑은국
(たいのすいもの, 다이노스이모노)
30분

요구사항

주어진 재료를 사용하여 도미머리 맑은국을 만드시오.

1. 도미머리 부분을 반으로 갈라 50~60g 크기로 사용하시오
(단, 도미는 머리만 사용하여야 하고, **도미 몸통(살) 사용할 경우 실격** 처리).
2. 소금을 뿌려 놓았다가 끓는 물에 데쳐 손질하시오.
3. 다시마와 도미머리를 넣어 은근하게 국물을 만들어 간 하시오.
4. 대파의 흰 부분은 가늘게 채(시라가네기) 썰어 사용하시오.
5. 간을 하여 각 곁들일 재료를 넣어 국물을 부어 완성하시오.

지급 재료

대파(흰 부분, 10cm) 1토막, 청주 5mL, 죽순 30g, 소금 20g,
건다시마(5×10cm) 1장, 국간장(진간장 대체 가능) 5mL, 레몬 1/4개,
도미(200~250g) 1마리

수험자 유의사항

1. 만드는 순서에 유의하며, 위생과 숙련된 기능평가를 위하여 조리작업 시 맛을 보지 않습니다.
2. 지정된 수험자 지참 준비물 이외의 조리기구나 재료를 시험장 내에 지참할 수 없습니다.
3. 지급재료는 시험 전 확인하여 이상이 있을 경우 시험위원으로부터 조치를 받고 시험 중에는 재료의 교환 및 추가지급은 하지 않습니다.
4. 요구사항 및 지급재료의 규격은 "정도"의 의미를 포함하며, 재료의 크기에 따라 가감하여 채점됩니다.
5. 위생복, 위생모, 앞치마, 마스크를 착용하여야 하며, 시험장비, 조리기구 취급 등 안전에 유의합니다.
6. 다음 사항은 실격에 해당하여 **채점 대상에서 제외**됩니다.
    ① 수험자 본인이 시험 도중 시험에 대한 포기 의사를 표현하는 경우
    ② 위생복, 위생모, 앞치마, 마스크를 착용하지 않은 경우
    ③ 시험시간 내에 과제 두 가지를 제출하지 못한 경우
    ④ 문제의 요구사항대로 과제의 수량이 만들어지지 않은 경우
    ⑤ 구이를 조림 등으로 조리하여 완성품을 요구사항과 다르게 만든 경우
    ⑥ 불을 사용하여 만든 조리작품이 작품 특성에 벗어나는 정도로 타거나 익지 않은 경우
    ⑦ 해당 과제의 지급재료 이외 재료를 사용하거나 석쇠 등 요구사항의 조리기구를 사용하지 않은 경우
    ⑧ 지정된 수험자 지참 준비물 이외의 조리기구를 조리에 사용한 경우
    ⑨ 가스레인지 화구 2개 이상(2개 포함) 사용한 경우
    ⑩ 시험 중 시설, 장비(칼, 가스레인지 등) 사용 시 시험위원 및 타수험자의 시험 진행에 위해를 일으킬 것으로 시험위원 전원이 합의하여 판단한 경우
    ⑪ 요구사항에 표시된 실격 및 부정행위에 해당하는 경우
7. 항목별 배점은 위생상태 및 안전관리 5점, 조리기술 30점, 작품의 평가 15점입니다.
8. 시험시작 전 가벼운 몸 풀기(스트레칭) 동작으로 긴장을 풀고 시험을 시작합니다.

만들어 볼까요?

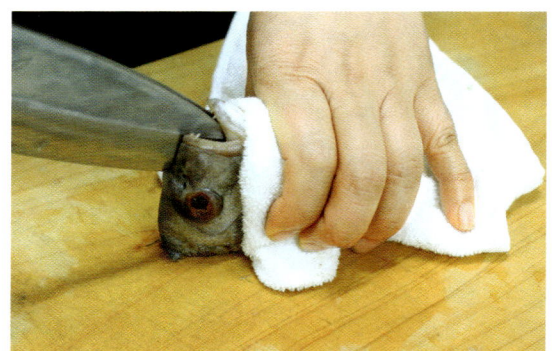
▲ 도미머리 반으로 가르기

▲ 손질한 도미머리

1. 도미는 내장을 제거하고 머리 부분을 반으로 갈라 소금을 뿌려 놓았다가 끓는 물에 데쳐 내어 비늘 및 이물질을 제거하고 물기가 빠지게 건진다.
2. 대파는 흰 부분만 가늘게 채를 쳐서 찬물에 헹구어 놓는다. 죽순은 석회질을 제거한 후 소금물에 데쳐 찬물로 헹구어 내고 모양을 살려 0.2cm 두께로 썬다.
3. 레몬은 얇게 저며 오리발 모양을 만든다.

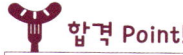 합격 Point!

- 도미머리는 이물질을 잘 제거해야 국물이 맑게 나온다.
- 도미머리 맑은국은 머리만 사용한다(꼭 반 가른다).
- 죽순은 데쳐서 사용한다.

▲ 오리발 만들기

▲ 도미 끓이기

4. 물(2컵)에 다시마와 도미를 넣어 잠시 끓인 후 소금(1/3작은술), 청주(1작은술)로 간하고 간장으로 색을 낸다.

5. 완성 그릇에 도미머리와 죽순을 담고 국물을 70% 정도 부은 후 채 썬 대파를 올리고 오리발 모양의 레몬을 띄워 낸다.

도미조림
(たいのにつけ, 다이노니츠케)
30분

요구사항

주어진 재료를 사용하여 다음과 같이 도미조림을 만드시오.

1. 손질한 도미를 5~6cm로 자르고 머리는 반으로 갈라 소금을 뿌리시오.
2. 머리와 꼬리는 데친 후 불순물을 제거하시오.
3. 냄비에 앉혀 양념하여 조리하시오.
4. 완성 후 접시에 담고 생강채(하리쇼가)와 채소를 앞쪽에 담아내시오.

지급 재료

도미(200~250g) 1마리, 우엉 40g, 꽈리고추(30g) 2개, 통생강 30g, 흰설탕 60g, 청주 50mL, 진간장 90mL, 소금 5g, 건다시마(5×10cm) 1장, 맛술(미림) 50mL

조림소스

다시물 1컵
(도미가 잠길 정도)
간장 3큰술
청주 3큰술
맛술 3큰술
설탕 3큰술

수험자 유의사항

1. 만드는 순서에 유의하며, 위생과 숙련된 기능평가를 위하여 조리작업 시 맛을 보지 않습니다.
2. 지정된 수험자 지참 준비물 이외의 조리기구나 재료를 시험장 내에 지참할 수 없습니다.
3. 지급재료는 시험 전 확인하여 이상이 있을 경우 시험위원으로부터 조치를 받고 시험 중에는 재료의 교환 및 추가지급은 하지 않습니다.
4. 요구사항 및 지급재료의 규격은 "정도"의 의미를 포함하며, 재료의 크기에 따라 가감하여 채점됩니다.
5. 위생복, 위생모, 앞치마, 마스크를 착용하여야 하며, 시험장비, 조리기구 취급 등 안전에 유의합니다.
6. 다음 사항은 실격에 해당하여 **채점 대상에서 제외**됩니다.
    ① 수험자 본인이 시험 도중 시험에 대한 포기 의사를 표현하는 경우
    ② 위생복, 위생모, 앞치마, 마스크를 착용하지 않은 경우
    ③ 시험시간 내에 과제 두 가지를 제출하지 못한 경우
    ④ 문제의 요구사항대로 과제의 수량이 만들어지지 않은 경우
    ⑤ 구이를 조림 등으로 조리하여 완성품을 요구사항과 다르게 만든 경우
    ⑥ 불을 사용하여 만든 조리작품이 작품 특성에 벗어나는 정도로 타거나 익지 않은 경우
    ⑦ 해당 과제의 지급재료 이외 재료를 사용하거나 석쇠 등 요구사항의 조리기구를 사용하지 않은 경우
    ⑧ 지정된 수험자 지참 준비물 이외의 조리기구를 조리에 사용한 경우
    ⑨ 가스레인지 화구 2개 이상(2개 포함) 사용한 경우
    ⑩ 시험 중 시설, 장비(칼, 가스레인지 등) 사용 시 시험위원 및 타수험자의 시험 진행에 위해를 일으킬 것으로 시험위원 전원이 합의하여 판단한 경우
    ⑪ 요구사항에 표시된 실격 및 부정행위에 해당하는 경우
7. 항목별 배점은 위생상태 및 안전관리 5점, 조리기술 30점, 작품의 평가 15점입니다.
8. 시험시작 전 가벼운 몸 풀기(스트레칭) 동작으로 긴장을 풀고 시험을 시작합니다.

만들어 볼까요?

▲ 도미 손질하기

▲ 우엉 껍질 벗기기

1. 손질한 다시마는 찬물에 끓여 다시(국물)를 2컵 정도 만든다.
2. 도미는 비늘을 긁고 내장을 빼낸 후 씻는다.
3. 도미머리는 아가미 쪽으로 칼집을 넣어 반으로 가르고 몸통은 2등분한다. 꼬리 쪽은 X자로 칼집을 넣고 소금을 뿌려준다.
4. 우엉은 칼등으로 껍질을 벗긴 후 5cm 길이 나무젓가락 굵기로 모서리를 다듬고, 생강은 껍질을 벗기고 얇게 저며 가늘게 채 썰어 물에 담갔다가 건진다. 꽈리고추는 4~5cm 정도로 자른다.
5. 도미머리와 꼬리 쪽을 뜨거운 물로 살짝 데쳐 비늘과 불순물을 잘 제거한다.

합격 Point!

- 도미가 작으면 몸통을 가르지 않아도 된다.
- 손질한 도미에 뜨거운 물을 끼얹을 때 면보를 씌우면 살이 부서지는 것을 방지할 수 있다.
- 국물이 끓으면서 양념이 윗면까지 배이게 하기 위해 솥뚜껑(호일)을 사용한다.
- 꽈리고추는 색깔을 내기 위해 마지막에 넣어 살짝 조린다.
- 간장은 조림 중간에 넣어서 조리면 조림 색깔이 탁하지 않다.
- 도미의 크기에 따라 간장, 설탕을 적절히 사용한다.

▲ 냄비에 도미, 우엉, 소스 넣기

▲ 도미 조리기

6. 냄비에 준비된 우엉을 깔고 그 위에 도미를 넣은 후 재료가 잠길 정도의 다시물과 간장, 설탕, 청주, 맛술을 넣고 호일을 덮어 조린다.
7. 어느 정도 생선살이 익으면 간장을 넣고 국물을 끼얹어 가며 윤기 나게 조린다.
8. 꽈리고추는 마지막에 살짝만 조려 초록색을 유지시킨다.
9. 그릇에 도미와 채소를 보기 좋게 담고 물기를 제거한 생강채를 곁들여 낸다.

문어초회
(たこのすのもの, 다코노스노모노)
20분

요구사항

주어진 재료를 사용하여 다음과 같이 문어초회를 만드시오.

1. 가다랑어 국물을 만들어 양념초간장(도사스)을 만드시오.
2. 문어는 삶아 4~5cm 길이로 물결 모양썰기(하조기리)를 하시오.
3. 미역은 손질하여 4~5cm 크기로 사용하시오.
4. 오이는 둥글게 썰거나 줄무늬(자바라) 썰기 하여 사용하시오.
5. 문어초회 접시에 오이와 문어를 담고 양념초간장(도사스)을 끼얹어 레몬으로 장식하시오.

CRAFTSMAN COOK JAPANESE FOOD

지급 재료

문어다리(생문어, 80g) 1개, 건미역 5g, 레몬 1/4개, 오이(20cm) 1/2개, 소금 10g, 식초 30mL, 건다시마(5×10cm) 1장, 진간장 20mL, 흰설탕 10g, 가다랑어포(가쓰오부시) 5g

문어 삶기
물 3컵
간장 3큰술
식초 1큰술

양념초
다시물 3큰술
간장 1큰술
식초 1큰술
설탕 1큰술

수험자 유의사항

1. 만드는 순서에 유의하며, 위생과 숙련된 기능평가를 위하여 조리작업 시 맛을 보지 않습니다.
2. 지정된 수험자 지참 준비물 이외의 조리기구나 재료를 시험장 내에 지참할 수 없습니다.
3. 지급재료는 시험 전 확인하여 이상이 있을 경우 시험위원으로부터 조치를 받고 시험 중에는 재료의 교환 및 추가지급은 하지 않습니다.
4. 요구사항 및 지급재료의 규격은 "정도"의 의미를 포함하며, 재료의 크기에 따라 가감하여 채점됩니다.
5. 위생복, 위생모, 앞치마, 마스크를 착용하여야 하며, 시험장비, 조리기구 취급 등 안전에 유의합니다.
6. 다음 사항은 실격에 해당하여 **채점 대상에서 제외**됩니다.
   ① 수험자 본인이 시험 도중 시험에 대한 포기 의사를 표현하는 경우
   ② 위생복, 위생모, 앞치마, 마스크를 착용하지 않은 경우
   ③ 시험시간 내에 과제 두 가지를 제출하지 못한 경우
   ④ 문제의 요구사항대로 과제의 수량이 만들어지지 않은 경우
   ⑤ 구이를 조림 등으로 조리하여 완성품을 요구사항과 다르게 만든 경우
   ⑥ 불을 사용하여 만든 조리작품이 작품 특성에 벗어나는 정도로 타거나 익지 않은 경우
   ⑦ 해당 과제의 지급재료 이외 재료를 사용하거나 석쇠 등 요구사항의 조리기구를 사용하지 않은 경우
   ⑧ 지정된 수험자 지참 준비물 이외의 조리기구를 조리에 사용한 경우
   ⑨ 가스레인지 화구 2개 이상(2개 포함) 사용한 경우
   ⑩ 시험 중 시설, 장비(칼, 가스레인지 등) 사용 시 시험위원 및 타수험자의 시험 진행에 위해를 일으킬 것으로 시험위원 전원이 합의하여 판단한 경우
   ⑪ 요구사항에 표시된 실격 및 부정행위에 해당하는 경우
7. 항목별 배점은 위생상태 및 안전관리 5점, 조리기술 30점, 작품의 평가 15점입니다.
8. 시험시작 전 가벼운 몸 풀기(스트레칭) 동작으로 긴장을 풀고 시험을 시작합니다.

만들어 볼까요?

▲ 소금물에 절이기

▲ 문어 삶기

1. 손질한 다시마를 찬물에 넣고 끓으면 건져내어 불을 끈 다음, 가다랑어포를 넣어 5분 정도 지나면 면보에 걸러 다시물을 만든다.
2. 오이는 껍질을 알맞게 벗기고 양쪽 면에 칼집(자바라)을 넣은 후 소금물에 절인다. 미역은 물에 불린 후 끓는 물에 소금을 약간 넣어 데치고 찬물에 헹궈 김발에 말아 놓는다.
3. 문어는 잘 씻어 끓는 물에 간장, 식초를 넣고 삶아 찬물에 식힌다.

 합격 Point!

- 양념초(도사스)는 끓인 후 식혀서 사용한다.
- 오이는 썰기(자바라)에 유의하고 잘 절여준다.

▲ 재료 손질하기

▲ 양념초 끼얹기

4. 삶은 문어는 껍질을 벗긴 후 얇게 4~5cm 길이로 물결 모양썰기한 후 자르고, 절인 오이는 길이로 2~3쪽 자르며, 미역도 4~5cm 길이로 자르고, 레몬은 반달 모양으로 자른다.
5. 양념초는 다시물 3큰술, 간장 1큰술, 식초 1큰술, 설탕 1큰술을 살짝 끓여 식힌다.
6. 완성 그릇에 데친 미역을 보기 좋게 썰어 놓고 오이와 자른 문어를 넣고 레몬을 곁들여 양념초간장(도사스)을 끼얹는다.

삼치 소금구이
(さわらのしおやき, 사와라노시오야키)
30분

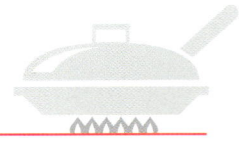

요구사항

주어진 재료를 사용하여 다음과 같이 삼치 소금구이를 만드시오.

1. 삼치는 세장 뜨기한 후 소금을 뿌려 10~20분 후 씻고 쇠꼬챙이에 끼워 구워내시오.
2. 채소는 각각 초담금 및 조림을 하시오.
3. 구이 그릇에 삼치 소금구이와 곁들임을 담아 완성하시오.
4. 길이 10cm 크기로 2조각을 제출하시오.

지급 재료

레몬 1/4개, 깻잎 1장, 소금 30g, 무 50g, 우엉 60g, 식용유 10mL, 식초 30mL, 건다시마(5×10cm) 1장, 진간장 30mL, 흰설탕 30g, 청주 15mL, 흰 참깨(볶은 것) 2g, 맛술(미림) 10mL, 쇠꼬챙이(30cm) 3개, 삼치(400~450g) 1/2마리

담금초
물 2큰술
식초 2큰술
설탕 1큰술
소금 1작은술

우엉조림
다시물 1/2컵
간장 2큰술
청주 1큰술
설탕 1큰술
맛술 1큰술

수험자 유의사항

1. 만드는 순서에 유의하며, 위생과 숙련된 기능평가를 위하여 조리작업 시 맛을 보지 않습니다.
2. 지정된 수험자 지참 준비물 이외의 조리기구나 재료를 시험장 내에 지참할 수 없습니다.
3. 지급재료는 시험 전 확인하여 이상이 있을 경우 시험위원으로부터 조치를 받고 시험 중에는 재료의 교환 및 추가지급은 하지 않습니다.
4. 요구사항 및 지급재료의 규격은 "정도"의 의미를 포함하며, 재료의 크기에 따라 가감하여 채점됩니다.
5. 위생복, 위생모, 앞치마, 마스크를 착용하여야 하며, 시험장비, 조리기구 취급 등 안전에 유의합니다.
6. 다음 사항은 실격에 해당하여 **채점 대상에서 제외**됩니다.
   ① 수험자 본인이 시험 도중 시험에 대한 포기 의사를 표현하는 경우
   ② 위생복, 위생모, 앞치마, 마스크를 착용하지 않은 경우
   ③ 시험시간 내에 과제 두 가지를 제출하지 못한 경우
   ④ 문제의 요구사항대로 과제의 수량이 만들어지지 않은 경우
   ⑤ 구이를 조림 등으로 조리하여 완성품을 요구사항과 다르게 만든 경우
   ⑥ 불을 사용하여 만든 조리작품이 작품 특성에 벗어나는 정도로 타거나 익지 않은 경우
   ⑦ 해당 과제의 지급재료 이외 재료를 사용하거나 석쇠 등 요구사항의 조리기구를 사용하지 않은 경우
   ⑧ 지정된 수험자 지참 준비물 이외의 조리기구를 조리에 사용한 경우
   ⑨ 가스레인지 화구 2개 이상(2개 포함) 사용한 경우
   ⑩ 시험 중 시설, 장비(칼, 가스레인지 등) 사용 시 시험위원 및 타수험자의 시험 진행에 위해를 일으킬 것으로 시험위원 전원이 합의하여 판단한 경우
   ⑪ 요구사항에 표시된 실격 및 부정행위에 해당하는 경우
7. 항목별 배점은 위생상태 및 안전관리 5점, 조리기술 30점, 작품의 평가 15점입니다.
8. 시험시작 전 가벼운 몸 풀기(스트레칭) 동작으로 긴장을 풀고 시험을 시작합니다.

만들어 볼까요?

▲ 삼치 손질하기

▲ 삼치에 소금 뿌리기

1. 손질한 다시마는 찬물에 끓여 다시물을 만든다.
2. 삼치는 세장 뜨기하여 뼈와 이물질을 제거한 후 껍질 쪽에 칼집을 넣고 소금을 뿌려둔다.
3. 우엉은 껍질을 칼등으로 긁어내고 5cm 나무젓가락 굵기로 잘라 모서리를 다듬어 찬물에 담가 우려낸다. 물기를 뺀 후 팬에 기름을 넣고 볶다가 청주, 간장, 설탕, 맛술, 다시물로 조려 양끝에 흰 참깨를 찍어서 묻혀준다.

합격 Point!

- 삼치는 먼저 손질해 소금을 뿌려둔다.
- 구이 시 쇠꼬챙이를 돌려가며 굽는다(살이 꼬챙이에 달라붙지 않게 하기 위해서).
- 무로 만든 국화꽃 위에 다진 레몬껍질을 뿌린다(안 뿌려도 상관없다).

▲ 우엉 조리기

▲ 삼치 굽기

4. 무는 원형으로 만들어 가로세로 칼집을 넣고 담금초에 담가 둔다.
5. 삼치에 간이 배이면 씻어 물기를 닦고 꼬챙이에 끼워 소금을 앞뒤로 살짝 뿌리고 살 쪽부터 앞뒤로 굽는다.
6. 삼치가 노릇하게 구워지면 접시에 깻잎을 깔고 삼치, 우엉조림, 무로 만든 국화꽃, 레몬을 곁들인다.

생선초밥
(にぎりずし, 니기리스시)
40분

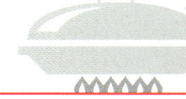

요구사항

주어진 재료를 사용하여 다음과 같이 생선초밥을 만드시오.

1. 각 생선류와 채소를 초밥용으로 손질하시오.
2. 초밥초(스시스)를 만들어 밥에 간하여 식히시오.
3. 곁들일 초생강을 만드시오.
4. 쥔초밥(니기리스시)을 만드시오.
5. 생선초밥은 6종류 8개를 만들어 제출하시오.
6. 간장을 곁들여 내시오.

CRAFTSMAN COOK JAPANESE FOOD

 ## 지급 재료

새우(30~40g) 1마리, 광어살(3×8cm 이상, 껍질 있는 것) 50g,
도미살 30g, 학꽁치(꽁치, 전어 대체 가능) 1/2마리,
밥(뜨거운 밥) 200g, 문어(삶은 것) 50g, 고추냉이(와사비분) 20g,
통생강 30g, 흰설탕 50g, 식초 70mL, 진간장 20mL, 소금 20g,
참치살(붉은색 참치살, 아까미) 30g, 대꼬챙이(10~15cm) 1개,
청차조기잎(시소, 깻잎으로 대체 가능) 1장

배합초
식초 3큰술
설탕 2큰술
소금 1작은술

수험자 유의사항

1. 만드는 순서에 유의하며, 위생과 숙련된 기능평가를 위하여 조리작업 시 맛을 보지 않습니다.
2. 지정된 수험자 지참 준비물 이외의 조리기구나 재료를 시험장 내에 지참할 수 없습니다.
3. 지급재료는 시험 전 확인하여 이상이 있을 경우 시험위원으로부터 조치를 받고 시험 중에는 재료의 교환 및 추가지급은 하지 않습니다.
4. 요구사항 및 지급재료의 규격은 "정도"의 의미를 포함하며, 재료의 크기에 따라 가감하여 채점됩니다.
5. 위생복, 위생모, 앞치마, 마스크를 착용하여야 하며, 시험장비, 조리기구 취급 등 안전에 유의합니다.
6. 다음 사항은 실격에 해당하여 **채점 대상에서 제외**됩니다.
    ① 수험자 본인이 시험 도중 시험에 대한 포기 의사를 표현하는 경우
    ② 위생복, 위생모, 앞치마, 마스크를 착용하지 않은 경우
    ③ 시험시간 내에 과제 두 가지를 제출하지 못한 경우
    ④ 문제의 요구사항대로 과제의 수량이 만들어지지 않은 경우
    ⑤ 구이를 조림 등으로 조리하여 완성품을 요구사항과 다르게 만든 경우
    ⑥ 불을 사용하여 만든 조리작품이 작품 특성에 벗어나는 정도로 타거나 익지 않은 경우
    ⑦ 해당 과제의 지급재료 이외 재료를 사용하거나 석쇠 등 요구사항의 조리기구를 사용하지 않은 경우
    ⑧ 지정된 수험자 지참 준비물 이외의 조리기구를 조리에 사용한 경우
    ⑨ 가스레인지 화구 2개 이상(2개 포함) 사용한 경우
    ⑩ 시험 중 시설, 장비(칼, 가스레인지 등) 사용 시 시험위원 및 타수험자의 시험 진행에 위해를 일으킬 것으로 시험위원 전원이 합의하여 판단한 경우
    ⑪ 요구사항에 표시된 실격 및 부정행위에 해당하는 경우
7. 항목별 배점은 위생상태 및 안전관리 5점, 조리기술 30점, 작품의 평가 15점입니다.
8. 시험시작 전 가벼운 몸 풀기(스트레칭) 동작으로 긴장을 풀고 시험을 시작합니다.

만들어 볼까요?

▲ 배합초 만들어 밥에 간하기

▲ 새우 손질하여 삶기

1. 식초 3큰술, 설탕 2큰술, 소금 1작은술로 배합초를 끓여 일부는 식기 전에 밥에 버무리고, 나머지 배합초는 데친 생강을 담가 초생강을 만든다.
2. 생강은 얇게 편으로 썬 후 끓는 물에 약간의 소금을 넣고 데쳐낸다.
3. 고추냉이는 찬물로 되직하게 개어 놓는다.
4. 새우는 내장을 제거하고 대꼬챙이를 꽂아 물에 소금을 넣고 삶아 익으면 식혀서 대꼬챙이를 뺀다. 꼬리 쪽 한 마디만 남기고 껍질을 벗긴 후 배 쪽에 칼집을 넣어 넓적하게 펼친다.
5. 참치는 소금물에 담갔다가 해동한 후 건져 면보에 싸둔 후 결 반대 방향으로 두께 5mm, 가로·세로 7cm×3cm로 비스듬히 포를 뜬다.

합격 Point!

- 완성 접시에 담을 때 색깔의 조화를 살려 보기 좋게 담는다.
- 주어진 밥에 배합초는 적당량 사용하여 초밥이 질지 않도록 한다.
- 초밥은 새우 꼬리나 생선 끝이 긴 쪽이 바깥쪽을 향하게 담는다.

▲ 학꽁치 손질하기

▲ 재료 준비하기

6. 문어는 진간장으로 색을 내고 식초, 설탕을 약간 넣어 삶은 후 껍질을 벗겨 두께 2~3mm, 가로·세로 길이 7cm×3cm로 물결 모양의 포를 뜬다.
7. 학꽁치는 껍질을 칼등으로 벗겨 길이 7cm로 자른 다음 등 쪽에 잔칼집을 넣는다.
8. 도미와 광어살은 손질한 후 껍질을 벗겨 두께 2~3mm, 가로·세로 7cm×3cm로 포를 뜬다.
9. 오른손으로 밥을 쥔 다음 생선을 왼손에 잡는다. 오른손 검지 손가락으로 고추냉이를 묻혀 생선살의 중앙에 바르고 그 위에 밥을 놓아 모양을 잡는다.
10. 완성 그릇에 생선초밥을 모양 있게 담은 후 오른쪽 앞에 청차조기잎을 깔고 초생강으로 장식하며, 간장은 따로 곁들인다.

일식조리기능사

소고기 간장구이
(ぎゅうにくのてりやき, 규니쿠노테리야키)
20분

요구사항

주어진 재료를 사용하여 다음과 같이 소고기 간장구이를 만드시오.

1. 양념간장(다래)과 생강채(하리쇼가)를 준비하시오.
2. 소고기를 두께 1.5cm, 길이 3cm로 자르시오.
3. 프라이팬에 구이를 한 다음 양념간장(다래)을 발라 완성하시오.

지급 재료

소고기(등심) 160g, 통생강 30g, 건다시마(5×10cm) 1장,
검은 후춧가루 5g, 진간장 50mL, 산초가루 3g, 청주 50mL,
소금 20g, 식용유 100mL, 흰설탕 30g, 맛술(미림) 50mL, 깻잎 1장

데리야키 (양념)소스

다시물 1/2컵
간장 2~3큰술
청주 2큰술
맛술(미림) 2큰술
설탕 2큰술

수험자 유의사항

1. 만드는 순서에 유의하며, 위생과 숙련된 기능평가를 위하여 조리작업 시 맛을 보지 않습니다.
2. 지정된 수험자 지참 준비물 이외의 조리기구나 재료를 시험장 내에 지참할 수 없습니다.
3. 지급재료는 시험 전 확인하여 이상이 있을 경우 시험위원으로부터 조치를 받고 시험 중에는 재료의 교환 및 추가지급은 하지 않습니다.
4. 요구사항 및 지급재료의 규격은 "정도"의 의미를 포함하며, 재료의 크기에 따라 가감하여 채점됩니다.
5. 위생복, 위생모, 앞치마, 마스크를 착용하여야 하며, 시험장비, 조리기구 취급 등 안전에 유의합니다.
6. 다음 사항은 실격에 해당하여 **채점 대상에서 제외**됩니다.
    ① 수험자 본인이 시험 도중 시험에 대한 포기 의사를 표현하는 경우
    ② 위생복, 위생모, 앞치마, 마스크를 착용하지 않은 경우
    ③ 시험시간 내에 과제 두 가지를 제출하지 못한 경우
    ④ 문제의 요구사항대로 과제의 수량이 만들어지지 않은 경우
    ⑤ 구이를 조림 등으로 조리하여 완성품을 요구사항과 다르게 만든 경우
    ⑥ 불을 사용하여 만든 조리작품이 작품 특성에 벗어나는 정도로 타거나 익지 않은 경우
    ⑦ 해당 과제의 지급재료 이외 재료를 사용하거나 석쇠 등 요구사항의 조리기구를 사용하지 않은 경우
    ⑧ 지정된 수험자 지참 준비물 이외의 조리기구를 조리에 사용한 경우
    ⑨ 가스레인지 화구 2개 이상(2개 포함) 사용한 경우
    ⑩ 시험 중 시설, 장비(칼, 가스레인지 등) 사용 시 시험위원 및 타수험자의 시험 진행에 위해를 일으킬 것으로 시험위원 전원이 합의하여 판단한 경우
    ⑪ 요구사항에 표시된 실격 및 부정행위에 해당하는 경우
7. 항목별 배점은 위생상태 및 안전관리 5점, 조리기술 30점, 작품의 평가 15점입니다.
8. 시험시작 전 가벼운 몸 풀기(스트레칭) 동작으로 긴장을 풀고 시험을 시작합니다.

만들어 볼까요?

▲ 다시물 만들기

▲ 데리야키(양념)소스 만들기

1. 손질한 다시마는 찬물에 끓여 다시물을 만든다.
2. 다시물, 청주, 간장, 설탕, 맛술을 넣고 절반 정도의 양이 되도록 졸인다.
3. 소고기는 핏물을 제거한 후 오그라들지 않도록 칼집을 넣은 후 소금, 후추를 뿌려둔다.
4. 생강은 얇게 저며 채 썰어 찬물에 담갔다가 건진다.

 합격 Point!

- 소고기의 손질방법과 구워 놓은 상태에 유의한다.
- 데리야키소스를 1/2 정도 졸여서 사용한다.
- 하리쇼가(채 친 생강)는 바늘처럼 가늘게 채 썰어서 깻잎과 곁들인다.

▲ 소고기 굽기

▲ 소고기 담기

5. 팬에 기름을 두르고 달구어지면 소고기를 애벌구이하고 양념간장을 조금씩 부어가며 중간(미디엄)으로 익힌다.
6. 익힌 고기를 두께 1.5cm, 길이 3cm 정도로 저며 완성 그릇에 담고 소스를 그 위에 흐르지 않게 덧바른 후 산초가루를 뿌리고 깻잎과 생강채를 곁들여 완성한다.

일식조리기능사

소고기 덮밥
(ぎゅうにくのどんぶり, 규니쿠노돈부리)
30분

요구사항

주어진 재료를 사용하여 다음과 같이 소고기 덮밥을 만드시오.

1. 덮밥용 양념간장(돈부리 다시)을 만들어 사용하시오.
2. 고기, 채소, 달걀은 재료 특성에 맞게 조리하여 준비한 밥 위에 올려 놓으시오.
3. 김을 구워 칼로 잘게 썰어(하리노리) 사용하시오.

지급 재료

소고기(등심) 60g, 양파(150g) 1/3개, 실파(1뿌리) 20g, 팽이버섯 10g, 흰설탕 10g, 김 1/4장, 진간장 15mL, 달걀 1개, 건다시마(5×10cm) 1장, 맛술(미림) 15mL, 소금 2g, 밥(뜨거운 밥) 120g, 가다랑어포(가쓰오부시) 10g

덮밥용 양념간장 (덮밥다시)

다시물 1/2컵
간장 1큰술
맛술(미림) 1큰술
설탕 1큰술

수험자 유의사항

1. 만드는 순서에 유의하며, 위생과 숙련된 기능평가를 위하여 조리작업 시 맛을 보지 않습니다.
2. 지정된 수험자 지참 준비물 이외의 조리기구나 재료를 시험장 내에 지참할 수 없습니다.
3. 지급재료는 시험 전 확인하여 이상이 있을 경우 시험위원으로부터 조치를 받고 시험 중에는 재료의 교환 및 추가지급은 하지 않습니다.
4. 요구사항 및 지급재료의 규격은 "정도"의 의미를 포함하며, 재료의 크기에 따라 가감하여 채점됩니다.
5. 위생복, 위생모, 앞치마, 마스크를 착용하여야 하며, 시험장비, 조리기구 취급 등 안전에 유의합니다.
6. 다음 사항은 실격에 해당하여 **채점 대상에서 제외**됩니다.
    ① 수험자 본인이 시험 도중 시험에 대한 포기 의사를 표현하는 경우
    ② 위생복, 위생모, 앞치마, 마스크를 착용하지 않은 경우
    ③ 시험시간 내에 과제 두 가지를 제출하지 못한 경우
    ④ 문제의 요구사항대로 과제의 수량이 만들어지지 않은 경우
    ⑤ 구이를 조림 등으로 조리하여 완성품을 요구사항과 다르게 만든 경우
    ⑥ 불을 사용하여 만든 조리작품이 작품 특성에 벗어나는 정도로 타거나 익지 않은 경우
    ⑦ 해당 과제의 지급재료 이외 재료를 사용하거나 석쇠 등 요구사항의 조리기구를 사용하지 않은 경우
    ⑧ 지정된 수험자 지참 준비물 이외의 조리기구를 조리에 사용한 경우
    ⑨ 가스레인지 화구 2개 이상(2개 포함) 사용한 경우
    ⑩ 시험 중 시설, 장비(칼, 가스레인지 등) 사용 시 시험위원 및 타수험자의 시험 진행에 위해를 일으킬 것으로 시험위원 전원이 합의하여 판단한 경우
    ⑪ 요구사항에 표시된 실격 및 부정행위에 해당하는 경우
7. 항목별 배점은 위생상태 및 안전관리 5점, 조리기술 30점, 작품의 평가 15점입니다.
8. 시험시작 전 가벼운 몸 풀기(스트레칭) 동작으로 긴장을 풀고 시험을 시작합니다.

만들어 볼까요?

▲ 다시물 만들기

▲ 재료 손질하기

1. 손질한 다시마를 찬물에 넣고 끓으면 건져내어 불을 끈 다음, 가다랑어포를 넣어 5분 정도 지나면 면보에 걸러 다시물을 만든다.
2. 양파는 얇게 채 썰고 팽이버섯은 밑동을 제거하여 3~4cm 길이로 자른다. 실파도 3cm 정도로 어슷썰기하며 소고기는 결 반대로 얄팍하게 썰어 핏물을 제거한다.
3. 냄비에 다시물 1/2컵, 간장 1큰술, 맛술 1큰술, 설탕 1큰술을 넣어 덮밥용 양념간장(덮밥다시)을 만든다.

합격 Point!

- 소고기 덮밥은 재료의 손질방법과 끓이는 방법에 중점을 둔다.
- 끓이는 도중에 거품은 반드시 제거하고 완성된 국물의 양은 그릇을 기울였을 때 자작하게 보이는 정도로 한다.
- 달걀은 체에 내리지 않는다.
- 완성된 작품을 보았을 때 밥이 보이지 않아야 한다.

▲ 달걀 끼얹어 익히기

▲ 그릇에 담기

4. 냄비의 덮밥다시에 양파, 실파, 소고기, 팽이버섯 순으로 넣고 익힌다. 어느 정도 익으면 달걀의 알끈을 제거한 후 부드럽게 풀고 끼얹어 반 정도 익힌다.

5. 달걀이 반 정도 익으면 불을 끄고, 국자로 모양이 흐트러지지 않도록 조심스럽게 밥을 얹은 다음 모양을 보기 좋게 한다.

6. 김은 살짝 구워 4cm 정도로 채 썰어(하리노리) 올린다.

도미술찜
(たいのさけむし, 다이노사케무시)
30분

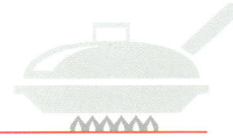

요구사항

주어진 재료를 사용하여 다음과 같이 도미술찜을 만드시오.

1. 머리는 반으로 자르고, 몸통은 세장 뜨기하시오.
2. 손질한 도미살을 5~6cm로 자르고 소금을 뿌려, 머리와 꼬리는 데친 후 불순물을 제거하시오.
3. 청주를 섞은 다시(국물)에 쪄내시오.
4. 당근은 매화꽃, 무는 은행잎 모양으로 만들어 익혀내시오.
5. 초간장(폰즈)과 양념(야쿠미)을 만들어 내시오.

지급 재료

배추 50g, 당근 60g, 판두부 50g, 생표고버섯(20g) 1개, 무 50g, 죽순 20g, 쑥갓 20g, 레몬 1/4개, 청주 30mL, 건다시마(5×10cm) 1장, 진간장 30mL, 식초 30mL, 고춧가루(고운 것) 2g, 실파(1뿌리) 20g, 소금 5g, 도미(200~250g) 1마리

폰즈(혹은 지리스)
다시물 1큰술
간장 1큰술
식초 1큰술

술찜소스
다시물 1큰술
청주 1큰술
소금 약간

야쿠미(고명)
무즙 1큰술
고운 고춧가루 약간
실파 1줄기
레몬 1쪽

수험자 유의사항

1. 만드는 순서에 유의하며, 위생과 숙련된 기능평가를 위하여 조리작업 시 맛을 보지 않습니다.
2. 지정된 수험자 지참 준비물 이외의 조리기구나 재료를 시험장 내에 지참할 수 없습니다.
3. 지급재료는 시험 전 확인하여 이상이 있을 경우 시험위원으로부터 조치를 받고 시험 중에는 재료의 교환 및 추가지급은 하지 않습니다.
4. 요구사항 및 지급재료의 규격은 "정도"의 의미를 포함하며, 재료의 크기에 따라 가감하여 채점됩니다.
5. 위생복, 위생모, 앞치마, 마스크를 착용하여야 하며, 시험장비, 조리기구 취급 등 안전에 유의합니다.
6. 다음 사항은 실격에 해당하여 **채점 대상에서 제외**됩니다.
    ① 수험자 본인이 시험 도중 시험에 대한 포기 의사를 표현하는 경우
    ② 위생복, 위생모, 앞치마, 마스크를 착용하지 않은 경우
    ③ 시험시간 내에 과제 두 가지를 제출하지 못한 경우
    ④ 문제의 요구사항대로 과제의 수량이 만들어지지 않은 경우
    ⑤ 구이를 조림 등으로 조리하여 완성품을 요구사항과 다르게 만든 경우
    ⑥ 불을 사용하여 만든 조리작품이 작품 특성에 벗어나는 정도로 타거나 익지 않은 경우
    ⑦ 해당 과제의 지급재료 이외 재료를 사용하거나 석쇠 등 요구사항의 조리기구를 사용하지 않은 경우
    ⑧ 지정된 수험자 지참 준비물 이외의 조리기구를 조리에 사용한 경우
    ⑨ 가스레인지 화구 2개 이상(2개 포함) 사용한 경우
    ⑩ 시험 중 시설, 장비(칼, 가스레인지 등) 사용 시 시험위원 및 타수험자의 시험 진행에 위해를 일으킬 것으로 시험위원 전원이 합의하여 판단한 경우
    ⑪ 요구사항에 표시된 실격 및 부정행위에 해당하는 경우
7. 항목별 배점은 위생상태 및 안전관리 5점, 조리기술 30점, 작품의 평가 15점입니다.
8. 시험시작 전 가벼운 몸 풀기(스트레칭) 동작으로 긴장을 풀고 시험을 시작합니다.

만들어 볼까요?

▲ 도미 손질하기

▲ 당근, 무, 배추말이 모양내기

1. 다시마를 손질하여 찬물에 끓여 다시(국물)를 한 컵 정도 만든다.
2. 도미는 비늘과 지느러미를 제거하고, 머리를 먼저 잘라 머리 쪽에서 배꼽까지 세장 뜨기하여 준비한다. 꼬리 쪽은 열십자 칼집을 넣고 소금을 뿌려둔다.
3. 당근은 매화꽃, 무는 은행잎 모양을 만들어 반 정도 삶는다. 배추, 쑥갓줄기 일부는 반 정도 삶아서 배추 위에 쑥갓을 얹고 김발로 말아 어슷하게 썰고, 마지막에 얹을 쑥갓 고갱이는 물에 담근다.
4. 표고버섯은 별 모양을 만들어 데치고, 죽순은 빗살 모양으로 썰어 데친다. 두부는 5cm 길이의 직사각형으로 도톰하게 썬다.

합격 Point!

- 도미와 채소의 손질방법에 주의한다.
- 도미 손질 시 비늘을 잘 제거하고 익혀낸다.

CRAFTSMAN COOK JAPANESE FOOD

▲ 불순물 제거하기

▲ 중탕으로 찌기

5. 소금을 뿌려 두었던 도미는 뜨거운 물을 살짝 끼얹은 후 찬물에 깨끗이 씻어 불순물을 제거한다.
6. 접시에 다시마를 깔고 배추말이, 도미, 죽순, 표고버섯, 무, 당근, 두부를 보기 좋게 담고, 술찜소스를 넣어 찜통에 10분 정도 찐 후 쑥갓을 올려낸다.
7. 다시물 1큰술, 간장·식초 1큰술로 폰즈(혹은 지리스)소스를 만든다.
8. 레몬은 반달 모양으로 썰고, 실파는 송송 썬 후 찬물에 헹궈 물기를 제거한다. 무는 즙을 내어 고운 고춧가루로 물을 들여 모양을 낸다(모미지오로시).

대합 맑은국
(はまぐりのすいもの, 하마구리노스이모노)
20분

요구사항

주어진 재료를 사용하여 대합 맑은국을 만드시오.

1. 조개 상태를 확인한 후 해감하여 사용하시오.
2. 다시마와 백합조개를 넣어 끓으면 다시마를 건져내시오.

지급 재료

백합조개(개당 40g, 5cm 내외) 2개, 쑥갓 10g, 레몬 1/4개, 청주 5mL, 소금 10g, 국간장(진간장 대체 가능) 5mL, 건다시마(5×10cm) 1장

수험자 유의사항

1. 만드는 순서에 유의하며, 위생과 숙련된 기능평가를 위하여 조리작업 시 맛을 보지 않습니다.
2. 지정된 수험자 지참 준비물 이외의 조리기구나 재료를 시험장 내에 지참할 수 없습니다.
3. 지급재료는 시험 전 확인하여 이상이 있을 경우 시험위원으로부터 조치를 받고 시험 중에는 재료의 교환 및 추가지급은 하지 않습니다.
4. 요구사항 및 지급재료의 규격은 "정도"의 의미를 포함하며, 재료의 크기에 따라 가감하여 채점됩니다.
5. 위생복, 위생모, 앞치마, 마스크를 착용하여야 하며, 시험장비, 조리기구 취급 등 안전에 유의합니다.
6. 다음 사항은 실격에 해당하여 **채점 대상에서 제외**됩니다.
    ① 수험자 본인이 시험 도중 시험에 대한 포기 의사를 표현하는 경우
    ② 위생복, 위생모, 앞치마, 마스크를 착용하지 않은 경우
    ③ 시험시간 내에 과제 두 가지를 제출하지 못한 경우
    ④ 문제의 요구사항대로 과제의 수량이 만들어지지 않은 경우
    ⑤ 구이를 조림 등으로 조리하여 완성품을 요구사항과 다르게 만든 경우
    ⑥ 불을 사용하여 만든 조리작품이 작품 특성에 벗어나는 정도로 타거나 익지 않은 경우
    ⑦ 해당 과제의 지급재료 이외 재료를 사용하거나 석쇠 등 요구사항의 조리기구를 사용하지 않은 경우
    ⑧ 지정된 수험자 지참 준비물 이외의 조리기구를 조리에 사용한 경우
    ⑨ 가스레인지 화구 2개 이상(2개 포함) 사용한 경우
    ⑩ 시험 중 시설, 장비(칼, 가스레인지 등) 사용 시 시험위원 및 타수험자의 시험 진행에 위해를 일으킬 것으로 시험위원 전원이 합의하여 판단한 경우
    ⑪ 요구사항에 표시된 실격 및 부정행위에 해당하는 경우
7. 항목별 배점은 위생상태 및 안전관리 5점, 조리기술 30점, 작품의 평가 15점입니다.
8. 시험시작 전 가벼운 몸 풀기(스트레칭) 동작으로 긴장을 풀고 시험을 시작합니다.

일식조리기능사

 만들어 볼까요?

▲ 쑥갓 물에 담그기

▲ 백합조개 해감하기

1. 쑥갓은 찬물에 담그고 백합조개는 소금물에 해감한다.
2. 찬물 2컵에 백합조개와 다시마를 넣고 약한 불에서 끓인다. 끓어오르면 거품을 제거한 후 다시마는 건지고, 백합조개도 입을 벌리면 건져내어 살이 있는 쪽만 완성 그릇에 담는다.

 합격 Point!

- 백합조개는 두드려서 맑은 소리가 나야 싱싱한 것이다.
- 백합조개는 소금물에 담가 해감하고 눈을 떼지 않아야 쉽게 입을 연다.
- 대합살은 잘 익혀낸다.

▲ 대합 다시마 끓이기

▲ 오리발 만들기

3. 레몬으로 오리발 모양을 만든다.
4. 조개 국물은 면보에 걸러 국간장으로 색을 내고 청주 1작은술, 소금 1/3작은술을 넣어 맛을 낸다.
5. 완성 그릇에 조개를 담고 조개 국물을 70% 정도 부은 후 그 위에 쑥갓과 레몬 오리발을 띄운다.

참치 김초밥
(てっかまき, 데카마키)
20분

요구사항

주어진 재료를 사용하여 참치 김초밥을 만드시오.

1. 김을 반 장으로 자르고, 눅눅하거나 구워지지 않은 김은 구워 사용하시오.
2. 고추냉이와 초생강을 만드시오.
3. 초밥 2줄은 일정한 크기 12개로 잘라 내시오.
4. 간장을 곁들여 내시오.

지급 재료

고추냉이(와사비분) 15g, 김(초밥김) 1장, 밥(뜨거운 밥) 120g,
통생강 20g, 식초 70mL, 흰설탕 50g, 소금 20g, 진간장 10mL,
참치살(붉은색 참치살, 아까미) 100g,
청차조기잎(시소, 깻잎으로 대체 가능) 1장

배합초
식초 3큰술
설탕 2큰술
소금 1작은술

수험자 유의사항

1. 만드는 순서에 유의하며, 위생과 숙련된 기능평가를 위하여 조리작업 시 맛을 보지 않습니다.
2. 지정된 수험자 지참 준비물 이외의 조리기구나 재료를 시험장 내에 지참할 수 없습니다.
3. 지급재료는 시험 전 확인하여 이상이 있을 경우 시험위원으로부터 조치를 받고 시험 중에는 재료의 교환 및 추가지급은 하지 않습니다.
4. 요구사항 및 지급재료의 규격은 "정도"의 의미를 포함하며, 재료의 크기에 따라 가감하여 채점됩니다.
5. 위생복, 위생모, 앞치마, 마스크를 착용하여야 하며, 시험장비, 조리기구 취급 등 안전에 유의합니다.
6. 다음 사항은 실격에 해당하여 **채점 대상에서 제외**됩니다.
    ① 수험자 본인이 시험 도중 시험에 대한 포기 의사를 표현하는 경우
    ② 위생복, 위생모, 앞치마, 마스크를 착용하지 않은 경우
    ③ 시험시간 내에 과제 두 가지를 제출하지 못한 경우
    ④ 문제의 요구사항대로 과제의 수량이 만들어지지 않은 경우
    ⑤ 구이를 조림 등으로 조리하여 완성품을 요구사항과 다르게 만든 경우
    ⑥ 불을 사용하여 만든 조리작품이 작품 특성에 벗어나는 정도로 타거나 익지 않은 경우
    ⑦ 해당 과제의 지급재료 이외 재료를 사용하거나 석쇠 등 요구사항의 조리기구를 사용하지 않은 경우
    ⑧ 지정된 수험자 지참 준비물 이외의 조리기구를 조리에 사용한 경우
    ⑨ 가스레인지 화구 2개 이상(2개 포함) 사용한 경우
    ⑩ 시험 중 시설, 장비(칼, 가스레인지 등) 사용 시 시험위원 및 타수험자의 시험 진행에 위해를 일으킬 것으로 시험위원 전원이 합의하여 판단한 경우
    ⑪ 요구사항에 표시된 실격 및 부정행위에 해당하는 경우
7. 항목별 배점은 위생상태 및 안전관리 5점, 조리기술 30점, 작품의 평가 15점입니다.
8. 시험시작 전 가벼운 몸 풀기(스트레칭) 동작으로 긴장을 풀고 시험을 시작합니다.

일식조리기능사

만들어 볼까요?

▲ 생강 얇게 썰어 데치기

▲ 고추냉이 찬물로 개기

1. 청차조기잎은 물에 담그고 배합초를 만든다.
2. 배합초를 끓여 일부는 식기 전에 밥에 버무려 젖은 면보를 덮어두고, 나머지 배합초는 데친 생강을 담가 초생강을 만든다.
3. 참치는 소금물에 담갔다가 해동한 후 면보에 싸 둔다.
4. 생강은 얇게 편으로 썬 후 끓는 소금물에 데쳐낸다.
5. 고추냉이(와사비)는 동량의 물을 넣어 되직하게 개어 놓는다.

합격 Point!

- 시험장에서 밥이 주어지기 때문에 제일 먼저 배합초를 만들어 고루 버무려 놓는다.
- 밥이 질지 않게 배합초를 적절히 사용한다.
- 구워지지 않은 김은 살짝 구워서 사용한다.
- 김을 반 장으로 잘라 말고, 각 장을 6등분하여 전체 12개의 참치 김초밥이 나오게 한다.

▲ 참치 김초밥 말기

▲ 그릇에 담기

6. 참치는 김 길이에 맞춰 자르고, 김은 살짝 구워 반으로 잘라 둔다.//
7. 김발 위에 반으로 자른 김을 놓고, 초밥이 4/5 정도 깔리도록 골고루 편 다음 초밥 중앙보다 약간 밑에 길게 고추냉이를 바른다. 그 위에 참치를 놓고 단번에 말아서 네모지게 모양을 잡은 후 6등분으로 자른다. 나머지 반 장도 똑같은 방법으로 6등분해서 모두 12개의 참치 김초밥을 만든다.
8. 완성 그릇에 참치 김초밥을 보기 좋게 담고 청차조기잎를 깔고 초생강으로 장식한다. 간장을 곁들여 낸다.

해삼초회

(なまこのすのもの, 나마코노스노모노)
20분

요구사항

주어진 재료를 사용하여 다음과 같은 해삼초회를 만드시오.

1. 오이를 둥글게 썰거나 줄무늬(자바라) 썰기하여 사용하시오.
2. 미역을 손질하여 4~5cm로 써시오.
3. 해삼은 내장과 모래가 없도록 손질하고 힘줄(스지)을 제거하시오.
4. 빨간 무즙(아까오로시)과 실파를 준비하시오.
5. 초간장(폰즈)을 끼얹어 내시오.

지급 재료

해삼 100g, 오이(20cm) 1/2개, 건미역 5g, 실파(1뿌리) 20g, 무 20g, 레몬 1/4개, 건다시마(5×10cm) 1장, 가다랑어포(가쓰오부시) 10g, 소금 5g, 식초 15mL, 진간장 15mL, 고춧가루(고운 것) 5g

폰즈(혹은 지리스)
다시물 1큰술
간장 1큰술
식초 1큰술

야쿠미(고명)
무즙 1큰술
고운 고춧가루 약간
실파 1뿌리
레몬 1조각

수험자 유의사항

1. 만드는 순서에 유의하며, 위생과 숙련된 기능평가를 위하여 조리작업 시 맛을 보지 않습니다.
2. 지정된 수험자 지참 준비물 이외의 조리기구나 재료를 시험장 내에 지참할 수 없습니다.
3. 지급재료는 시험 전 확인하여 이상이 있을 경우 시험위원으로부터 조치를 받고 시험 중에는 재료의 교환 및 추가지급은 하지 않습니다.
4. 요구사항 및 지급재료의 규격은 "정도"의 의미를 포함하며, 재료의 크기에 따라 가감하여 채점됩니다.
5. 위생복, 위생모, 앞치마, 마스크를 착용하여야 하며, 시험장비, 조리기구 취급 등 안전에 유의합니다.
6. 다음 사항은 실격에 해당하여 **채점 대상에서 제외**됩니다.
    ① 수험자 본인이 시험 도중 시험에 대한 포기 의사를 표현하는 경우
    ② 위생복, 위생모, 앞치마, 마스크를 착용하지 않은 경우
    ③ 시험시간 내에 과제 두 가지를 제출하지 못한 경우
    ④ 문제의 요구사항대로 과제의 수량이 만들어지지 않은 경우
    ⑤ 구이를 조림 등으로 조리하여 완성품을 요구사항과 다르게 만든 경우
    ⑥ 불을 사용하여 만든 조리작품이 작품 특성에 벗어나는 정도로 타거나 익지 않은 경우
    ⑦ 해당 과제의 지급재료 이외 재료를 사용하거나 석쇠 등 요구사항의 조리기구를 사용하지 않은 경우
    ⑧ 지정된 수험자 지참 준비물 이외의 조리기구를 조리에 사용한 경우
    ⑨ 가스레인지 화구 2개 이상(2개 포함) 사용한 경우
    ⑩ 시험 중 시설, 장비(칼, 가스레인지 등) 사용 시 시험위원 및 타수험자의 시험 진행에 위해를 일으킬 것으로 시험위원 전원이 합의하여 판단한 경우
    ⑪ 요구사항에 표시된 실격 및 부정행위에 해당하는 경우
7. 항목별 배점은 위생상태 및 안전관리 5점, 조리기술 30점, 작품의 평가 15점입니다.
8. 시험시작 전 가벼운 몸 풀기(스트레칭) 동작으로 긴장을 풀고 시험을 시작합니다.

만들어 볼까요?

▲ 다시물 만들기　　　　　　　　　▲ 미역 불려 데치기

1. 손질한 다시마를 찬물에 넣고 끓으면 건져내어 불을 끈 다음, 가다랑어포를 넣어 5분 정도 지나면 면보에 걸러 다시물을 만든다.
2. 미역은 물에 불린다.
3. 오이는 양쪽 면에 각각 2/3 정도 깊이로 어슷하게 칼집을 넣은 후 소금물에 절인다. 미역은 끓는 물에 소금을 약간 넣고 데쳐 찬물에 헹군다.
4. 오이는 수분을 제거하여 2cm 길이로 2~3쪽 준비하고, 미역은 김발을 이용하여 말아 준 다음 4~5cm 길이로 자른다.
5. 해삼은 배 쪽에 칼집을 넣고 내장, 힘줄, 모래집을 빼낸 후 양끝을 잘라내고 소금으로 주물러 씻은 후 물로 씻는다. 해삼은 3등분 정도로 먹기 좋게 자른다.

합격 Point!
- 해삼 손질에 유의한다.
- 미역은 데쳐 사용한다.

▲ 절인 오이 썰기

▲ 미역 말아 썰기

6. 폰즈(다시물 1큰술, 간장 1큰술, 식초 1큰술)를 만든다. 레몬은 반달 모양으로 1쪽을 준비하고, 실파는 송송 썬 후 찬물에 헹궈 물기를 제거한다. 무는 즙을 내어 고운 고춧가루로 물을 들여 모양을 낸다(모미지오로시).

7. 완성 그릇에 오이·미역을 담고, 앞쪽에 해삼을 담는다.

8. 야쿠미(고명)를 앞쪽에 놓고 폰즈(혹은 지리스)를 끼얹는다.

일식조리기능사

된장국
(みそしる, 미소시루)
20분

요구사항

주어진 재료를 사용하여 된장국을 만드시오.

1. 다시마와 가다랑어포(가쓰오부시)로 가다랑어 국물(가쓰오다시)을 만드시오.
2. 1cm×1cm×1cm로 썬 두부와 미역은 데쳐 사용하시오.
3. 된장을 풀어 한소끔 끓여내시오.

지급 재료

일본된장 40g, 건다시마(5×10cm) 1장, 판두부 20g,
실파(1뿌리) 20g, 산초가루 1g, 건미역 5g, 청주 20mL,
가다랑어포(가쓰오부시) 5g

된장국물
다시물 1.5컵
일본된장 20g
청주 2큰술

수험자 유의사항

1. 만드는 순서에 유의하며, 위생과 숙련된 기능평가를 위하여 조리작업 시 맛을 보지 않습니다.
2. 지정된 수험자 지참 준비물 이외의 조리기구나 재료를 시험장 내에 지참할 수 없습니다.
3. 지급재료는 시험 전 확인하여 이상이 있을 경우 시험위원으로부터 조치를 받고 시험 중에는 재료의 교환 및 추가지급은 하지 않습니다.
4. 요구사항 및 지급재료의 규격은 "정도"의 의미를 포함하며, 재료의 크기에 따라 가감하여 채점됩니다.
5. 위생복, 위생모, 앞치마, 마스크를 착용하여야 하며, 시험장비, 조리기구 취급 등 안전에 유의합니다.
6. 다음 사항은 실격에 해당하여 **채점 대상에서 제외**됩니다.
    ① 수험자 본인이 시험 도중 시험에 대한 포기 의사를 표현하는 경우
    ② 위생복, 위생모, 앞치마, 마스크를 착용하지 않은 경우
    ③ 시험시간 내에 과제 두 가지를 제출하지 못한 경우
    ④ 문제의 요구사항대로 과제의 수량이 만들어지지 않은 경우
    ⑤ 구이를 조림 등으로 조리하여 완성품을 요구사항과 다르게 만든 경우
    ⑥ 불을 사용하여 만든 조리작품이 작품 특성에 벗어나는 정도로 타거나 익지 않은 경우
    ⑦ 해당 과제의 지급재료 이외 재료를 사용하거나 석쇠 등 요구사항의 조리기구를 사용하지 않은 경우
    ⑧ 지정된 수험자 지참 준비물 이외의 조리기구를 조리에 사용한 경우
    ⑨ 가스레인지 화구 2개 이상(2개 포함) 사용한 경우
    ⑩ 시험 중 시설, 장비(칼, 가스레인지 등) 사용 시 시험위원 및 타수험자의 시험 진행에 위해를 일으킬 것으로 시험위원 전원이 합의하여 판단한 경우
    ⑪ 요구사항에 표시된 실격 및 부정행위에 해당하는 경우
7. 항목별 배점은 위생상태 및 안전관리 5점, 조리기술 30점, 작품의 평가 15점입니다.
8. 시험시작 전 가벼운 몸 풀기(스트레칭) 동작으로 긴장을 풀고 시험을 시작합니다.

만들어 볼까요?

▲ 다시물 만들기

▲ 두부 썰기

1. 손질한 다시마를 찬물에 넣고 끓으면 건져내어 불을 끈 다음, 가다랑어포를 넣어 5분 정도 지나면 면보에 걸러 다시물을 만든다.
2. 미역은 물에 불려 놓는다.
3. 두부는 사방 1cm의 주사위 모양으로 썬다.
4. 미역은 끓는 물에 데친 다음 찬물에 헹궈 2~3cm 정도로 자르고 두부를 살짝 데친다.

합격 Point!

- 두부, 미역, 실파를 규격에 맞게 자르고 손질한다.
- 된장국을 센불로 끓이면 고유의 향이 날아가므로 은근한 불로 단시간에 끓여내야 한다.
- 적정량의 된장으로 맛을 조절하고 간장이나 소금은 사용하지 않는다.
- 된장국물은 너무 고운 체에 거르지 않는다.
- 일본된장은 시험장의 상황에 따라 적된장 또는 백된장이 나올 수 있다.

▲ 재료 준비하기

▲ 된장 국물 끓이기

5. 실파는 송송 썬다.
6. 다시물이 끓으면 일본된장을 체에 밭쳐 푼다. 된장국이 끓어오르면 거품을 제거하고 청주(비린내 제거)로 맛을 낸다. 그리고 면보 없이 다시 한번 체에 거른다.
7. 완성 그릇에 두부와 미역을 담고 된장국을 끓여 부은 후 실파와 산초가루를 뿌려낸다.

달걀말이
(だしまきたまご, 다시마키타마고)
25분

요구사항

주어진 재료를 사용하여 다음과 같이 달걀말이를 만드시오.

1. 달걀과 가다랑어 국물(가쓰오다시), 소금, 설탕, 맛술(미림)을 섞은 후 체에 걸러 사용하시오.
2. 젓가락을 사용하여 달걀말이를 한 후 김발을 이용하여 사각 모양을 만드시오
   (단, 달걀을 말 때 주걱이나 손을 사용할 경우 감점 처리).
3. 길이 8cm, 높이 2.5cm, 두께 1cm로 썰어 8개를 만들고, 완성되었을 때 틈새가 없도록 하시오.
4. 달걀말이(다시마끼)와 간장무즙을 접시에 보기 좋게 담아내시오.

지급 재료

달걀 6개, 흰설탕 20g, 소금 10g, 건다시마(5×10cm) 1장, 무 100g, 가다랑어포(가쓰오부시) 10g, 식용유 50mL, 맛술(미림) 20mL, 진간장 30mL, 청차조기잎(시소, 깻잎으로 대체 가능) 2장

필요한 도구
- 달걀말이 프라이팬(사각팬) 1개
- 김초밥발 1개
- 요리용 젓가락 1세트
- 키친페이퍼 1장
- 강판 1개
- 거르는 체 1개

수험자 유의사항

1. 만드는 순서에 유의하며, 위생과 숙련된 기능평가를 위하여 조리작업 시 맛을 보지 않습니다.
2. 지정된 수험자 지참 준비물 이외의 조리기구나 재료를 시험장 내에 지참할 수 없습니다.
3. 지급재료는 시험 전 확인하여 이상이 있을 경우 시험위원으로부터 조치를 받고 시험 중에는 재료의 교환 및 추가지급은 하지 않습니다.
4. 요구사항 및 지급재료의 규격은 "정도"의 의미를 포함하며, 재료의 크기에 따라 가감하여 채점됩니다.
5. 위생복, 위생모, 앞치마, 마스크를 착용하여야 하며, 시험장비, 조리기구 취급 등 안전에 유의합니다.
6. 다음 사항은 실격에 해당하여 **채점 대상에서 제외**됩니다.
    ① 수험자 본인이 시험 도중 시험에 대한 포기 의사를 표현하는 경우
    ② 위생복, 위생모, 앞치마, 마스크를 착용하지 않은 경우
    ③ 시험시간 내에 과제 두 가지를 제출하지 못한 경우
    ④ 문제의 요구사항대로 과제의 수량이 만들어지지 않은 경우
    ⑤ 구이를 조림 등으로 조리하여 완성품을 요구사항과 다르게 만든 경우
    ⑥ 불을 사용하여 만든 조리작품이 작품 특성에 벗어나는 정도로 타거나 익지 않은 경우
    ⑦ 해당 과제의 지급재료 이외 재료를 사용하거나 석쇠 등 요구사항의 조리기구를 사용하지 않은 경우
    ⑧ 지정된 수험자 지참 준비물 이외의 조리기구를 조리에 사용한 경우
    ⑨ 가스레인지 화구 2개 이상(2개 포함) 사용한 경우
    ⑩ 시험 중 시설, 장비(칼, 가스레인지 등) 사용 시 시험위원 및 타수험자의 시험 진행에 위해를 일으킬 것으로 시험위원 전원이 합의하여 판단한 경우
    ⑪ 요구사항에 표시된 실격 및 부정행위에 해당하는 경우
7. 항목별 배점은 위생상태 및 안전관리 5점, 조리기술 30점, 작품의 평가 15점입니다.
8. 시험시작 전 가벼운 몸 풀기(스트레칭) 동작으로 긴장을 풀고 시험을 시작합니다.

만들어 볼까요?

▲ 달걀물 익히기

▲ 달걀말이 말기

1. 손질한 다시마를 찬물에 넣고 끓으면 건져내어 불을 끈 다음, 가다랑어포를 넣어 우러나면 면보에 걸러 다시물을 만든다.
2. 볼에 달걀을 넣고 풀어서 식힌 가다랑어 국물, 소금, 맛술, 설탕 등을 섞어 체에 내린다.
3. 사각팬에 식용유를 충분히 넣고 약불에서 은근히 달군 후 기름을 따라내고 종이타월이나 면보로 닦아낸다.
4. 충분히 달구어진 사각팬에 식용유를 넉넉히 넣고 달걀물을 60mL 정도 떠서 넣은 후 고르게 편다. 달걀물을 약 60% 익힌 상태에서 사각팬 머리를 들어 대젓가락으로 달걀 안쪽으로 한 쪽만 넣은 다음 손목을 이용하여 살짝 튕기듯 조그맣게 만다.

합격 Point!

- 달걀말이를 할 때 틈새가 생기지 않도록 한다.
- 달걀을 말 때 주걱이나 손을 사용할 경우 감점 처리되므로 주의한다.

▲ 김발로 모양잡기

▲ 달걀말이 썰기

5. 이후 비어 있는 팬 위쪽에 기름을 바르고 달걀말이를 위쪽으로 밀어준 다음 앞쪽에 기름을 두르고 달걀물 60mL 정도를 부어 같은 방법으로 계속 말아낸다.

6. 달걀말이는 김발로 감싸서 모양을 사각으로 잡아준다. 그대로 식혀 달걀말이를 높이 2.5cm, 두께 1cm 크기로 썰어서 8개를 만든다.

7. 무는 강판에 갈아 즙을 만들어 찬물에 살짝 씻어 물기를 가볍게 제거한 다음 간장을 넣어 간장 무즙을 만든다.

8. 완성된 접시에 청차조기잎을 깐 후 달걀말이를 담고 간장 무즙을 곁들여서 완성한다.

일식조리기능사

우동볶음(야끼우동)
(やきそば, 야끼소바)
30분

요구사항

주어진 재료를 사용하여 다음과 같이 우동볶음(야끼우동)을 만드시오.

1. 새우는 껍질과 내장을 제거하고 사용하시오.
2. 오징어는 솔방울 무늬로 칼집을 넣어 1cm×4cm 크기로 썰어서 데쳐 사용하시오.
3. 우동은 데쳐서 사용하시오.
4. 가다랑어포(하나가쓰오)를 고명으로 얹으시오.

지급 재료

우동 150g, 작은 새우(껍질 있는 것) 3마리, 소금 5g, 숙주 80g, 갑오징어 몸살(물오징어 대체 가능) 50g, 양파(150g) 1/8개, 생표고버섯 1개, 당근 50g, 청피망(75g) 1/2개, 진간장 15mL, 가다랑어포(하나가쓰오, 고명용) 10g, 청주 30mL, 맛술(미림) 15mL, 식용유 15mL, 참기름 5mL

수험자 유의사항

1. 만드는 순서에 유의하며, 위생과 숙련된 기능평가를 위하여 조리작업 시 맛을 보지 않습니다.
2. 지정된 수험자 지참 준비물 이외의 조리기구나 재료를 시험장 내에 지참할 수 없습니다.
3. 지급재료는 시험 전 확인하여 이상이 있을 경우 시험위원으로부터 조치를 받고 시험 중에는 재료의 교환 및 추가지급은 하지 않습니다.
4. 요구사항 및 지급재료의 규격은 "정도"의 의미를 포함하며, 재료의 크기에 따라 가감하여 채점됩니다.
5. 위생복, 위생모, 앞치마, 마스크를 착용하여야 하며, 시험장비, 조리기구 취급 등 안전에 유의합니다.
6. 다음 사항은 실격에 해당하여 **채점 대상에서 제외**됩니다.
    ① 수험자 본인이 시험 도중 시험에 대한 포기 의사를 표현하는 경우
    ② 위생복, 위생모, 앞치마, 마스크를 착용하지 않은 경우
    ③ 시험시간 내에 과제 두 가지를 제출하지 못한 경우
    ④ 문제의 요구사항대로 과제의 수량이 만들어지지 않은 경우
    ⑤ 구이를 조림 등으로 조리하여 완성품을 요구사항과 다르게 만든 경우
    ⑥ 불을 사용하여 만든 조리작품이 작품 특성에 벗어나는 정도로 타거나 익지 않은 경우
    ⑦ 해당 과제의 지급재료 이외 재료를 사용하거나 석쇠 등 요구사항의 조리기구를 사용하지 않은 경우
    ⑧ 지정된 수험자 지참 준비물 이외의 조리기구를 조리에 사용한 경우
    ⑨ 가스레인지 화구 2개 이상(2개 포함) 사용한 경우
    ⑩ 시험 중 시설, 장비(칼, 가스레인지 등) 사용 시 시험위원 및 타수험자의 시험 진행에 위해를 일으킬 것으로 시험위원 전원이 합의하여 판단한 경우
    ⑪ 요구사항에 표시된 실격 및 부정행위에 해당하는 경우
7. 항목별 배점은 위생상태 및 안전관리 5점, 조리기술 30점, 작품의 평가 15점입니다.
8. 시험시작 전 가벼운 몸 풀기(스트레칭) 동작으로 긴장을 풀고 시험을 시작합니다.

🍴 만들어 볼까요?

▲ 오징어에 칼집 넣어 썰기

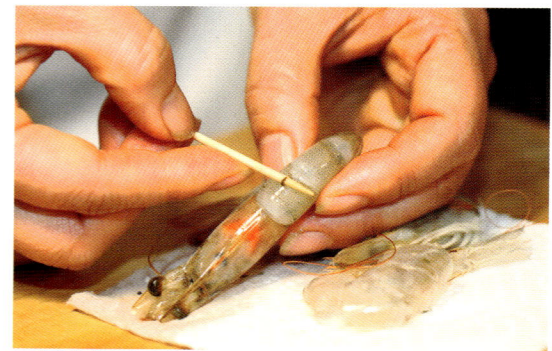

▲ 새우 내장 빼기

1. 갑오징어(오징어)는 껍질을 제거하고 안쪽에 솔방울 무늬로 칼집을 넣어 1cm×4cm 크기로 썰어 데친다.
2. 새우는 껍질과 내장을 제거하고 삶는다.
3. 숙주는 머리꼬리를 뗀다. 양파, 당근, 피망은 1cm×4cm 길이로 썰고 표고버섯은 편으로 썬다.
4. 우동은 넉넉한 물에 넣고 충분히 잘 삶아 놓는다.

합격 Point!

- 우동은 충분한 물에서 삶아야 하며 삶는 시간은 우동의 굵기에 따라 가감해야 한다.
- 우동은 잘라 보았을 때 가운데 흰 부분이 없어야 잘 삶아진 것이다.
- 건우동과 생우동을 확인하고 적절하게 조리한다.
- 삶은 우동이 제시되었을 때는 끓는 물에 데친다.

▲ 볶음 재료 준비하기　　　　　　　　▲ 우동볶음 만들기

5. 팬을 달구어 식용유를 두르고 양파, 당근, 숙주, 표고버섯, 피망, 새우살의 순으로 넣고, 데친 오징어를 넣어 잘 어우러지게 볶다가 마지막으로 우동을 넣어 볶는다.
6. 5.에 간장, 소금, 청주, 맛술로 맛을 내고 참기름을 넣어 마무리한다.
7. 6.을 완성 그릇에 담고 가다랑어포를 고명으로 얹어낸다.

메밀국수(자루소바)
(ざるそば, 자루소바)
30분

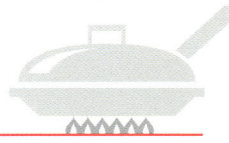

요구사항

주어진 재료를 사용하여 다음과 같이 메밀국수(자루소바)를 만드시오.

1. 소바다시를 만들어 얼음으로 차게 식히시오.
2. 메밀국수는 삶아 얼음으로 차게 식혀서 사용하시오.
3. 메밀국수는 접시에 김발을 펴서 그 위에 올려내시오.
4. 김은 가늘게 채 썰어(하리노리) 메밀국수에 얹어 내시오.
5. 메밀국수, 양념(야쿠미), 소바다시를 각각 따로 담아내시오.

지급 재료

메밀국수(생면, 건면 100g 대체 가능) 150g, 무 60g, 실파(2뿌리) 40g, 김 1/2장, 고추냉이(와사비분) 10g, 각얼음 200g, 진간장 50mL, 흰설탕 25g, 청주 15mL, 맛술(미림) 10mL, 건다시마(5×10cm) 1장, 가다랑어포(가쓰오부시) 10g

수험자 유의사항

1. 만드는 순서에 유의하며, 위생과 숙련된 기능평가를 위하여 조리작업 시 맛을 보지 않습니다.
2. 지정된 수험자 지참 준비물 이외의 조리기구나 재료를 시험장 내에 지참할 수 없습니다.
3. 지급재료는 시험 전 확인하여 이상이 있을 경우 시험위원으로부터 조치를 받고 시험 중에는 재료의 교환 및 추가지급은 하지 않습니다.
4. 요구사항 및 지급재료의 규격은 "정도"의 의미를 포함하며, 재료의 크기에 따라 가감하여 채점됩니다.
5. 위생복, 위생모, 앞치마, 마스크를 착용하여야 하며, 시험장비, 조리기구 취급 등 안전에 유의합니다.
6. 다음 사항은 실격에 해당하여 **채점 대상에서 제외**됩니다.
    ① 수험자 본인이 시험 도중 시험에 대한 포기 의사를 표현하는 경우
    ② 위생복, 위생모, 앞치마, 마스크를 착용하지 않은 경우
    ③ 시험시간 내에 과제 두 가지를 제출하지 못한 경우
    ④ 문제의 요구사항대로 과제의 수량이 만들어지지 않은 경우
    ⑤ 구이를 조림 등으로 조리하여 완성품을 요구사항과 다르게 만든 경우
    ⑥ 불을 사용하여 만든 조리작품이 작품 특성에 벗어나는 정도로 타거나 익지 않은 경우
    ⑦ 해당 과제의 지급재료 이외 재료를 사용하거나 석쇠 등 요구사항의 조리기구를 사용하지 않은 경우
    ⑧ 지정된 수험자 지참 준비물 이외의 조리기구를 조리에 사용한 경우
    ⑨ 가스레인지 화구 2개 이상(2개 포함) 사용한 경우
    ⑩ 시험 중 시설, 장비(칼, 가스레인지 등) 사용 시 시험위원 및 타수험자의 시험 진행에 위해를 일으킬 것으로 시험위원 전원이 합의하여 판단한 경우
    ⑪ 요구사항에 표시된 실격 및 부정행위에 해당하는 경우
7. 항목별 배점은 위생상태 및 안전관리 5점, 조리기술 30점, 작품의 평가 15점입니다.
8. 시험시작 전 가벼운 몸 풀기(스트레칭) 동작으로 긴장을 풀고 시험을 시작합니다.

🍴 만들어 볼까요?

▲ 소바다시 만들기

▲ 김 가늘게 채 썰기

1. 냄비에 손질한 다시마를 넣고 끓으면 건져 내고, 가쓰오부시를 넣어 5분 정도 지나면 면보에 걸러 기본 다시국물을 만든다.
2. 소바다시는 기본 다시국물에 간장, 청주, 설탕, 맛술(미림)을 넣어 살짝 끓인 후 차게 식힌다.
3. 무는 강판에 갈아 체에 올린 후 찬물에 헹구어 물기를 제거하고, 실파는 잘게 썰어 물에 씻어 둔다.

합격 Point!

- 자루소바는 대나무 자루에 담아낸 메밀국수로, 김을 얹어내어 모리소바라고도 한다.
- 면은 생면과 건면을 구분하여 충분히 잘 삶아 준다.
- 자루소바는 찬 메밀국수로 차게 식혀낸다.

▲ 삶은 면 얼음물에 차게 식히기

▲ 김 채 올려서 완성하기

4. 김은 가늘게 채 썰어 놓고, 고추냉이(와사비)는 찬물에 개어 놓는다.
5. 메밀국수는 삶아서 얼음물에 헹구고 김발 위에 담아내어 잘게 썬 김을 얹어낸다.
6. 양념(야쿠미)으로 무즙, 실파, 고추냉이(와사비), 소바다시를 각각 따로 담아낸다.

전복버터구이
(あわびのバタやき, 아와비노바타야끼)
25분

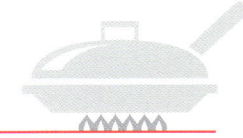

요구사항

주어진 재료를 사용하여 다음과 같이 전복버터구이를 만드시오.

1. 전복은 껍질과 내장을 분리하고 칼집을 넣어 한입 크기로 어슷하게 써시오.
2. 내장은 모래주머니를 제거하고 데쳐 사용하시오.
3. 채소는 전복의 크기로 써시오.
4. 은행은 속껍질을 벗겨 사용하시오.

지급 재료

전복(2마리, 껍질 포함) 150g, 양파(150g) 1/2개, 청피망(75g) 1/2개, 청주 20mL, 은행(중간 크기) 5개, 버터 20g, 검은 후춧가루 2g, 소금 15g, 식용유 30mL, 청차조기잎(시소, 깻잎으로 대체 가능) 1장

수험자 유의사항

1. 만드는 순서에 유의하며, 위생과 숙련된 기능평가를 위하여 조리작업 시 맛을 보지 않습니다.
2. 지정된 수험자 지참 준비물 이외의 조리기구나 재료를 시험장 내에 지참할 수 없습니다.
3. 지급재료는 시험 전 확인하여 이상이 있을 경우 시험위원으로부터 조치를 받고 시험 중에는 재료의 교환 및 추가지급은 하지 않습니다.
4. 요구사항 및 지급재료의 규격은 "정도"의 의미를 포함하며, 재료의 크기에 따라 가감하여 채점됩니다.
5. 위생복, 위생모, 앞치마, 마스크를 착용하여야 하며, 시험장비, 조리기구 취급 등 안전에 유의합니다.
6. 다음 사항은 실격에 해당하여 **채점 대상에서 제외**됩니다.
    ① 수험자 본인이 시험 도중 시험에 대한 포기 의사를 표현하는 경우
    ② 위생복, 위생모, 앞치마, 마스크를 착용하지 않은 경우
    ③ 시험시간 내에 과제 두 가지를 제출하지 못한 경우
    ④ 문제의 요구사항대로 과제의 수량이 만들어지지 않은 경우
    ⑤ 구이를 조림 등으로 조리하여 완성품을 요구사항과 다르게 만든 경우
    ⑥ 불을 사용하여 만든 조리작품이 작품 특성에 벗어나는 정도로 타거나 익지 않은 경우
    ⑦ 해당 과제의 지급재료 이외 재료를 사용하거나 석쇠 등 요구사항의 조리기구를 사용하지 않은 경우
    ⑧ 지정된 수험자 지참 준비물 이외의 조리기구를 조리에 사용한 경우
    ⑨ 가스레인지 화구 2개 이상(2개 포함) 사용한 경우
    ⑩ 시험 중 시설, 장비(칼, 가스레인지 등) 사용 시 시험위원 및 타수험자의 시험 진행에 위해를 일으킬 것으로 시험위원 전원이 합의하여 판단한 경우
    ⑪ 요구사항에 표시된 실격 및 부정행위에 해당하는 경우
7. 항목별 배점은 위생상태 및 안전관리 5점, 조리기술 30점, 작품의 평가 15점입니다.
8. 시험시작 전 가벼운 몸 풀기(스트레칭) 동작으로 긴장을 풀고 시험을 시작합니다.

일식조리기능사

🍴 만들어 볼까요?

▲ 전복의 껍질과 살 분리하기

▲ 전복 내장 분리하기

1. 청차조기잎(깻잎)은 찬물에 담가둔다.
2. 전복은 소금으로 비벼 깨끗이 씻고, 얇은 쪽의 껍질과 살 사이에 숟가락을 넣어 껍질과 살을 분리한다.
3. 분리한 살에서 내장을 분류시키고, 전복의 입을 도려내고 내장에 붙은 모래주머니도 제거한다.
4. 양파와 청피망은 전복 크기로 썰고 은행은 볶아서 속껍질을 벗겨낸다.

🍴 합격 Point!

- 전복 손질 시 내장이 터지지 않게 조심한다.
- 내장의 모래주머니는 잘 제거한다.
- 전복살에 칼집을 깊숙이 넣으면 저며 썰 때 살이 부서지므로 살짝만 넣는다.
- 전복살은 마지막에 넣어 볶아야 질겨지지 않는다.

▲ 재료 손질하기

▲ 재료 볶기

5. 손질한 전복살은 한입 크기로 어슷하게 썰어 준비하고 내장은 끓는 물에 데친다.
6. 팬에 식용유를 두르고 뜨거워지면 양파, 피망을 넣어 볶은 후 전복과 내장을 넣는다.
7. 6.에 소금, 검은 후춧가루로 간을 한 후 청주를 살짝 뿌려 맛을 내고 버터를 2회 정도 나누어 넣어 볶는다.
8. 접시에 물기를 제거한 청차조기잎(깻잎)을 깔고 버터구이한 전복에 내장, 은행을 담아 마무리한다.

중식·일식 조리기능사

핵심노트

절취선을 따라 재단하면
간단하고 편리한
핵심노트가 만들어집니다!
시험장에서 마지막까지
함께 하세요!

오징어냉채 [중식]

① 냄비에 물을 올린다.
② 겨자는 따뜻한 물에 개어 발효시킨다.
③ 오이는 깨끗이 씻어 반으로 갈라 얇게 3cm 정도 편으로 썬다.
④ 갑오징어는 내장과 껍질을 벗겨서 내장이 붙어 있던 쪽에 가로 0.2cm 간격으로 잔 칼집을 넣고, 다시 세로 0.5cm 간격으로 칼집을 내어 폭 2cm, 길이 3∼4cm 정도로 자른다.
⑤ 갑오징어는 끓는 물에 데친 후 찬물에 넣어 물기를 빼고 식힌다.
⑥ 발효시킨 겨자는 설탕, 소금, 식초로 간을 하고 참기름을 넣고 향을 내어 겨자소스를 만든다.
⑦ 갑오징어와 오이를 섞어 완성 그릇에 담고 겨자소스를 고루 끼얹어 낸다.

시험시간 20분

새우케찹볶음 [중식]

① 새우는 등 쪽의 2번째 마디에서 내장을 빼낸 후 물기를 제거한다.
② 당근과 양파는 1cm 정도 크기의 편으로 썬다.
③ 대파, 생강도 편으로 썬다.
④ 새우에 달걀, 녹말을 넣고 잘 버무려 160∼170℃ 정도의 기름에 바싹 튀긴다.
⑤ 팬을 충분히 달군 후 기름을 두르고 파, 생강을 먼저 볶다가 청주, 간장을 약간 넣어 향을 낸다.
⑥ 양파, 당근을 넣고 볶은 후 육수를 붓고 토마토케찹, 설탕, 약간의 소금을 넣는다.
⑦ ⑥에 완두콩을 넣고 끓으면 물녹말로 농도를 조절한 후 튀긴 새우를 넣고 버무린다.
⑧ 완성 접시에 담아낸다.

시험시간 25분

탕수육 [중식]

① 냄비에 물을 올려 따끈하게 데워지면 목이버섯을 불리고, 녹말가루에 물을 부어 앙금녹말을 만든다.
② 돼지고기는 길이 4cm, 두께 1cm 정도의 긴 사각형 크기로 썰어 물기를 닦은 다음 간장과 청주를 약간 넣어 양념한다.
③ 오이, 당근, 양파, 대파는 편으로 썰고, 불린 목이버섯은 물기를 제거한 후 적당한 크기로 뜯어 놓는다.
④ 밑간을 해 놓은 돼지고기에 달걀과 녹말을 넣고 잘 버무려 160~170℃의 기름에 두 번 정도 반복하여 바삭하게 튀겨낸다.
⑤ 팬에 기름을 두르고 뜨거워지면 대파를 넣어 볶다가 간장, 청주를 넣어 향을 낸 후 양파, 버섯, 당근, 완두콩을 넣어 볶는다. 오이는 변색될 수 있으므로 나중에 넣는다.
⑥ ⑤에 육수(물 200mL)를 붓고 분량의 탕수소스를 넣어 끓으면 물녹말을 조금씩 넣으면서 소스 농도를 조절한다.
⑦ 튀긴 돼지고기를 접시에 담고 소스를 끼얹어 낸다.

시험시간 30분

난자완스 [중식]

① 대파는 1/2등분으로 3cm 크기로 썰고, 마늘은 편 썰고 생강은 곱게 다진다. 죽순, 청경채, 표고버섯은 4cm 크기로 편 썬다.
② 돼지고기는 곱게 다지고 간장, 청주를 넣어 밑간을 한 다음, 달걀 흰자와 녹말을 약간 넣어 고루 치대어 반죽한다.
③ 양념한 고기를 한 손에 쥐고 수저나 손으로 떼어 지름 3cm 크기의 완자로 빚는다. 완자를 뜨거운 기름에 살짝 지진 후 4cm 정도로 납작하게 눌러서 넉넉한 기름에 양면이 진한 갈색이 나게 튀긴다.
④ 팬을 달구어 뜨거워지면 대파와 생강, 마늘을 넣어 볶다가 간장과 청주를 넣어 향을 낸 후 표고버섯, 죽순을 넣어 볶는다.
⑤ ④에 물을 붓고 약간의 간장, 소금을 넣어 끓으면 청경채와 튀겨낸 완자를 넣는다.
⑥ ⑤에 물녹말을 조금씩 넣으며 농도가 걸쭉해지면 후춧가루, 참기름으로 살짝 버무린다.
⑦ 완성 접시에 담는다.

시험시간 25분

깐풍기 [중식]

① 파, 마늘, 생강은 다지고 홍고추, 피망은 씨를 빼고 0.5cm×0.5cm로 썬다.
② 닭은 깨끗이 손질하여 뼈를 발라내고 껍질째 사방 3cm 정도로 토막을 낸다.
③ 튀김 기름을 올린다.
④ 토막 낸 닭고기에 소금, 청주로 밑간한 후 달걀과 녹말을 넣고 고루 잘 버무려 140~150℃에서 1차로 튀긴 후 다시 170℃에서 바삭하게 튀겨낸다.
⑤ 팬을 달구어 뜨거워지면 기름을 두르고 파, 마늘, 생강을 볶은 다음 간장과 청주로 향을 낸 후 홍고추와 피망을 넣고 살짝 볶는다.
⑥ ⑤에 육수와 분량의 소스 양념을 넣어 간을 맞추고 끓으면 튀긴 닭을 넣어 버무려 살짝 조린 다음 참기름을 쳐서 마무리한다.

시험시간 30분

양장피잡채 [중식]

① 재료를 데치기 위해 냄비에 물을 올려 끓이고, 양장피는 잘라서 찬물에 담가둔다.
② 겨자는 따뜻한 물에 개어 발효시킨다.
③ 오이는 돌기 부분을 제거하고 5cm×0.3cm 정도로 채 썰고, 끓는 물에 당근을 데쳐 오이와 같은 크기로 채 썰어 놓는다.
④ 새우는 내장을 제거한 후 삶고, 불린 해삼은 살짝 데쳐 채 썰어 놓는다. 갑오징어는 껍질을 벗기고 칼집을 내어 채 썰고 끓는 물에 데친다.
⑤ 양파는 채 썰어 놓고, 부추는 5cm로 자른다. 불린 목이버섯은 물기를 제거하고 가늘게 뜯어 놓는다.
⑥ 돼지고기는 채 썰어 놓고 간장으로 밑간한다. 달걀은 황·백으로 지단을 부쳐 5cm 길이로 채 썬다. 다음은 재료는 접시 가장자리에 색을 맞추어 돌려 담는다.
⑦ 팬에 기름을 두르고 뜨거워지면 양파, 돼지고기, 목이버섯을 넣어 볶으면서 간장과 소금으로 간을 한 뒤, 부추를 넣고 참기름으로 버무린다.
⑧ 양장피는 끓는 물에 데친 후 찬물에 헹구어 물기를 빼고 4cm 정도로 썰어 참기름, 간장을 약간 넣고 무친다.
⑨ 접시 가운데에 양장피와 볶은 채소를 담고 겨자소스를 만들어 끼얹어 낸다.

시험시간 35분

고추잡채 [중식]

① 피망은 반으로 갈라 씨와 하얀 부분을 제거하고, 양끝을 정리하여 5cm×0.3cm로 채 썬다.
② 죽순, 불린 표고버섯, 양파는 채 썰어 놓는다.
③ 돼지고기는 핏물을 없애고 결대로 5cm 길이로 가늘게 채 썰어 약간의 간장과 청주로 밑간하고, 달걀흰자와 녹말을 넣어 버무린다.
④ 팬에 ③의 돼지고기가 잠길 만큼의 기름을 넣고 끓으면 중불에서 익혀낸다.
⑤ 팬을 달구어 뜨거워지면 양파를 넣어 볶고, 간장 약간과 청주로 향을 낸 후 표고버섯, 죽순, 고기, 피망을 넣어 볶는다.
⑥ 소금으로 간하고 참기름을 둘러 마무리한다.
⑦ 완성 접시에 담아낸다.

시험시간 25분

채소볶음 [중식]

① 냄비에 물을 올려 놓고 채소는 깨끗하게 씻어 놓는다.
② 청경채의 두꺼운 줄기는 얇게 저며낸 후 길이 4cm, 폭 1.5cm 정도로 썰고, 셀러리는 섬유질을 제거한 후 같은 크기로 썬다.
③ 피망은 씨를 털어 내어 길이 4cm, 폭 1.5cm 크기의 편으로 썰고, 죽순도 편으로 썰어 놓는다.
④ 대파는 4cm 정도의 길이로 굵게 썰고 양송이는 편으로 썰어 놓는다.
⑤ 당근은 껍질을 벗기고 불린 표고버섯은 기둥을 떼어내어 편으로 썬다. 마늘, 생강도 가는 편으로 썬다.
⑥ 대파, 마늘, 생강을 제외한 모든 채소는 끓는 물에 살짝 데쳐 놓는다.
⑦ 물녹말을 만들어 준비한다.
⑧ 팬에 기름을 두르고 뜨거워지면 대파, 마늘, 생강을 넣어 볶고 간장과 청주로 향을 낸 후 표고버섯과 채소를 순서대로 넣어 볶은 다음 소금, 흰 후춧가루로 간한다.
⑨ ⑧에 육수(3큰술 정도)를 부어 물녹말로 농도를 맞추고 참기름을 쳐서 버무린다.
⑩ 완성 접시에 담아낸다.

시험시간 25분

마파두부 [중식]

① 두부는 1.5cm 정도의 주사위 모양으로 썰어 끓는 물에 살짝 데쳐 놓는다.
② 돼지고기는 다지고 대파, 마늘, 생강, 홍고추도 잘게 다진다.
③ 고춧가루와 식용유로 고추기름(辣油)을 만든다.
④ 녹말가루에 물을 넣어 물녹말을 만든다(1 : 1 또는 1 : 2).
⑤ 팬에 고추기름을 두르고 뜨거워지면 파, 마늘, 생강, 홍고추를 넣고 볶은 다음 간장으로 향을 낸다.
⑥ ⑤에 다진 돼지고기를 넣고 볶다가 두반장(1큰술)을 넣고 볶은 다음 육수와 간장 약간, 설탕(1작은술), 후춧가루를 넣어 끓인다.
⑦ 물에 데쳐낸 두부를 넣고 끓인 다음 물녹말을 조금씩 넣어 농도를 맞춰 참기름을 치고 마무리하여 깊은 그릇에 담아낸다.

시험시간 25분

홍쇼두부 [중식]

① 두부는 가로와 세로 5cm, 두께 1cm 정도의 삼각형으로 썰어 놓는다.
② 양송이는 길게 편으로 썰고, 표고버섯은 기둥을 떼어 편으로 썬다. 죽순 · 청경채 · 홍고추 · 대파는 길게 편으로 썬다.
③ 마늘, 생강도 편으로 썬다.
④ 썰어 놓은 두부는 물기를 제거하고 하나씩 붙지 않게 노릇하게 튀긴다.
⑤ 돼지고기는 편으로 썰고 간장, 청주로 밑간하여 달걀물과 녹말로 잘 버무린 후 기름에 익혀낸다(100~120℃ 정도).
⑥ 녹말가루와 물을 1 : 1 비율로 섞어 물녹말을 만든다.
⑦ 팬에 기름을 두르고 뜨거워지면 대파, 마늘, 생강을 넣어 볶다가 간장과 청주로 향을 내고 양송이, 표고버섯, 홍고추, 청경채 순으로 넣어 볶은 다음 육수를 붓고 간장으로 간한다.
⑧ 소스가 끓으면 튀겨낸 두부와 고기를 넣고 물녹말을 조금씩 넣어 농도를 맞춰 참기름을 치고 마무리한다.
⑨ 완성 접시에 담아낸다.

시험시간 30분

빠스옥수수 [중식]

1. 옥수수 통조림은 체에 받쳐 물기를 제거한다. 땅콩은 껍질을 벗겨 잘게 다진다.
2. 옥수수, 땅콩, 달걀노른자에 밀가루 2큰술 정도를 섞고, 손으로 쥐어 지름 3cm 정도 크기의 완자를 빚는다.
3. 옥수수 완자를 140~150℃ 정도의 기름에 튀기고, 온도를 서서히 올려 노릇하게 튀긴다.
4. 기름을 바른 접시와 찬물을 준비한다.
5. 팬을 뜨겁게 달군 후 식용유를 넣어 코팅한 다음 기름을 따라내고, 남은 기름에 설탕 4큰술 정도를 넣고 시럽을 만든다.
6. 설탕이 충분히 녹고 연한 갈색이 나면 튀긴 옥수수를 넣어 재빨리 버무린 후 찬물 1작은술 정도를 끼얹어 주어 시럽이 옥수수에 잘 달라붙게 만든다.
7. 시럽에 버무린 옥수수가 서로 달라붙지 않게 기름을 바른 접시에 펼쳐 식힌다.
8. 완성 접시에 담아낸다.

 시험시간 25분

해파리냉채 [중식]

1. 해파리는 여러 번 씻어 염분을 뺀다.
2. 염분을 뺀 해파리는 따끈한 물(50℃ 정도)에서 데쳐 찬물에 담근다.
3. 오이는 소금으로 문질러 깨끗이 씻어 돌기 부분을 제거하고 0.2cm×6cm로 어슷하게 채 썬다.
4. 마늘은 다지고 소스를 만든다.
5. 해파리의 물기를 뺀 다음 다진 마늘 일부를 넣은 소스 1/2 정도를 넣고 버무린다.
6. 썰어 놓은 오이채와 해파리를 잘 섞어 완성 접시에 담는다.
7. 남은 다진 마늘을 올리고 나머지 소스를 끼얹어 낸다.

 시험시간 20분

라조기 [중식]

1. 홍고추와 피망은 반으로 갈라 씨를 뺀 후 5cm×2cm 정도 길이로 썬다. 청경채, 표고버섯, 죽순은 길게 저며 썬다.
2. 대파, 생강, 마늘은 편 썰고, 양송이는 길게 저며 썬다.
3. 닭은 깨끗이 씻어 뼈를 발라낸 후 5cm×1cm 길이로 썰어 소금, 청주를 넣고 밑간한다.
4. 팬에 튀김 기름을 올린다.
5. 밑간한 닭고기에 달걀, 녹말을 잘 버무려 160℃ 정도의 기름에서 1차 튀김하고, 온도를 올려 다시 한번 바삭하게 튀겨낸다.
6. 팬을 달구어 뜨거워지면 기름을 두르고 대파, 마늘, 생강을 볶아 향이 나면 청주, 간장을 1큰술씩 넣고 마른 고추, 양송이, 표고버섯, 죽순, 피망을 순서대로 볶는다.
7. 여기에 육수(또는 물)를 1컵 정도 붓고 간장, 소금, 후춧가루를 넣어 간을 맞춘 후 청경채를 넣는다.
8. 7에 물녹말을 풀어 농도가 알맞게 되면 튀긴 닭고기와 고추기름을 넣고 잘 버무려 완성 접시에 담아낸다.

 시험시간 30분

빠스고구마 [중식]

1. 팬에 튀김 기름을 올린다.
2. 고구마는 껍질을 벗겨 먼저 길게 4등분 내고, 다시 4cm 정도 길이의 다각형으로 돌려 썰어서 찬물에 담갔다가 바로 빼서 물기를 제거한다.
3. 기름 온도가 140~150℃ 정도가 되면 고구마를 튀기고, 160~170℃ 정도로 올려 노릇하게 바싹 튀긴다.
4. 접시에 기름을 발라 두고 찬물 1작은술도 준비한다.
5. 팬에 식용유를 두르고 뜨거워지면 설탕을 넣고 가열하면서 설탕이 골고루 녹도록 저어 준다.
6. 갈색이 나는 시럽 상태가 되면 타지 않게 불을 줄이고 고구마를 넣어 재빨리 버무린 후 찬물 1작은술 정도를 끼얹는다. 시럽이 고구마에 골고루 묻으면 기름을 바른 접시에 담아 식힌다.
7. 완성 접시에 담아낸다.

 시험시간 25분

부추잡채 [중식]

1. 부추는 깨끗이 씻어 6cm 길이로 자른다. 흰 줄기 부분과 잎 부분을 구분해 썰어 놓는다.
2. 돼지고기는 0.3cm×6cm로 채 썰어 약간의 청주로 밑간하여 달걀흰자와 녹말을 넣고 잘 버무린다.
3. 팬에 고기가 잠길 만큼의 기름을 넣고 끓으면 고기를 익힌 다음 기름기를 뺀다.
4. 팬에 기름을 두르고 뜨거워지면 부추의 흰 줄기 부분을 먼저 볶으면서 청주로 향을 내고 소금으로 간을 맞춘다.
5. 4에 익힌 고기와 부추의 파란 부분을 넣고 잘 섞이도록 볶은 후 참기름을 넣고 버무린다.
6. 완성 접시에 담아낸다.

시험시간 20분

경장육사 [중식]

1. 대파의 2/3는 길이 5cm 정도의 가는 어슷채로 썰어 찬물에 담가 둔다.
2. 죽순은 채로 썰고, 나머지 대파와 마늘, 생강은 잘게 썰거나 다진다.
3. 팬에 기름을 넉넉히 넣고 춘장을 볶아 놓는다.
4. 돼지고기는 5cm 정도의 얇은 채로 썰어 간장, 청주로 밑간하여 달걀흰자와 녹말을 넣고 잘 버무린다.
5. 팬에 고기가 잠길 정도의 기름을 넣고 끓으면 중불에서 고기를 익힌 다음 체로 건져 기름을 뺀다.
6. 팬에 기름을 두르고 뜨거워지면 잘게 썬 대파, 마늘, 생강을 볶고 간장, 청주를 넣어 향을 낸 후 죽순을 넣어 볶는다. 볶은 춘장에 육수를 붓고 설탕, 굴소스, 물전분으로 농도를 맞춰 짜장소스를 만든다.
7. 짜장소스에 익힌 돼지고기를 볶은 후 물녹말로 농도를 맞추고 마지막에 참기름을 쳐서 버무린다.
8. 찬물에 담가둔 파채는 물기를 제거한다.
9. 완성 접시에 파채를 담고 그 위에 볶은 짜장고기를 얹어낸다.

시험시간 30분

유니짜장면 [중식]

1. 재료는 깨끗이 씻어 준비한다.
2. 양파, 호박은 0.5cm×0.5cm 정도 크기로 썬다.
3. 생강은 곱게 다져 준비한다.
4. 제시된 다진 살코기를 한 번 더 다져준다.
5. 오이는 돌기 부분을 제거하고 채를 썰어 놓는다.
6. 중화면은 끓는 물에 삶아 찬물에 헹군다.
7. 춘장은 기름에 볶아 준비한다.
8. 팬에 식용유를 넣고 뜨거워지면 생강, 양파(약간), 고기를 넣어 볶다가 청주와 간장으로 향을 낸 후 나머지 양파와 호박을 넣고 춘장(볶음춘장)을 넣어 고루 볶아준다.
9. 8에 육수(또는 물)를 붓고 소금, 설탕, 간장을 넣어 간을 하고 끓으면 물녹말로 걸쭉하게 하여 참기름을 약간 쳐서 낸다.
10. 중화면은 뜨거운 물에 데쳐서 그릇에 담고 짜장소스를 부은 뒤 오이채를 위에 올려낸다.

 시험시간 30분

울면 [중식]

1. 재료는 깨끗이 씻어 준비한다.
2. 배춧잎, 부추, 당근은 6cm 정도 길이로 채 썰고 오징어는 껍질을 제거하여 6cm 길이로 채 썬다.
3. 새우살은 내장을 제거하고, 양파, 대파를 6cm 정도 길이로 채 썬다. 목이버섯은 물에 불려서 뜯어 놓고 마늘은 다진다.
4. 중화면을 삶아 찬물에 헹군 후 다시 뜨거운 물에 데쳐 놓는다.
5. 팬에 육수를 넣고 간장, 청주를 넣은 뒤 끓으면 부추를 제외한 모든 재료를 넣고 소금, 흰 후춧가루로 간을 한 후 더 끓인다.
6. 육수가 끓으면 물녹말을 넣어 걸쭉하게 만들고 마지막에 부추를 넣는다. 달걀은 풀어서 넣는다.
7. 참기름을 넣고 완성한 후 면 위에 부어낸다.

 시험시간 30분

탕수생선살 [중식]

① 재료를 깨끗이 손질한다.
② 녹말가루를 반 정도 물에 불린다.
③ 당근, 오이는 편으로 썰고, 파인애플은 8등분한다. 목이버섯은 물에 불려서 적당한 크기로 뜯어 놓는다.
④ 튀김 식용유를 올려 준비한다.
⑤ 생선살은 길이 4cm, 두께 1cm 정도로 썰어 물기를 제거하고 달걀 흰자와 된녹말을 넣어 반죽하여 150~160℃ 온도에서 1차 튀김하고, 온도를 올려 다시 한번 바삭하게 튀겨낸다.
⑥ 팬에 기름을 두르고 뜨거워지면 목이버섯, 당근, 오이를 넣고 육수(300mL), 설탕 5큰술, 식초 3큰술, 간장을 넣는다. 소스가 끓으면 파인애플, 완두콩, 녹말물을 조금씩 넣어 가며 농도를 맞춘다.
⑦ 튀긴 생선살에 소스를 부어 완성한다.

 시험시간 30분

새우볶음밥 [중식]

① 밥은 질지 않게 지어 식힌다.
② 당근, 청피망은 0.5cm 정도 크기의 주사위 모양으로 썰고 대파도 잘게 썰어 놓는다.
③ 새우는 내장을 제거하고 끓는 물에 데친다.
④ 달걀은 젓가락으로 잘 푼다.
⑤ 팬을 가열하여 식용유를 2큰술 정도 넣고 달걀 푼 것을 넣은 후 익을 때까지 젓가락으로 잘 저어주며 볶는다.
⑥ ⑤에 밥을 넣어 볶는다.
⑦ 준비된 채소와 새우를 넣어 볶다가 소금, 흰 후춧가루로 간을 한 다음 2~3분간 센 불에서 다시 한번 볶아 완성한다.
⑧ 완성 그릇에 볶음밥을 보기 좋게 담아낸다.

 시험시간 30분

갑오징어 명란무침 [일식]

❶ 청차조기잎과 무순은 찬물에 담가 놓는다.
❷ 갑오징어는 다리와 내장을 제거하고 겉껍질과 속껍질을 벗긴 후 포를 떠서 두께 0.3cm 정도로 가늘게 채 썬다.
❸ 따끈한 물(50℃ 전후)에 청주를 넣고 채 썬 갑오징어를 데친 후 수분을 제거한다.
❹ 명란젓은 반으로 갈라 칼집을 넣어 껍질 속 알만 칼등으로 긁어낸다.
❺ 데쳐서 수분을 제거한 갑오징어와 명란알을 섞고, 청주와 소금을 약간 넣어 나무젓가락으로 고르게 버무린다.
❻ 완성 접시에 청차조기잎을 깐 후 갑오징어 명란무침을 담고, 앞쪽으로 뿌리를 다듬은 무순을 세워 담는다.

시험시간 20분

김초밥 [일식]

❶ 밥이 뜨거울 때 살짝 끓인 배합초를 넣고 고루 섞어 식힌 후 젖은 면보로 덮어둔다.
❷ 청차조기잎은 찬물에 담가둔다.
❸ 오이는 사방 1cm 굵기로 길게 자르고 씨 부분을 도려낸 후 소금에 절여 물기를 제거한다.
❹ 생강은 얇게 썰어 소금물에 데쳐서 남은 배합초에 담가둔다.
❺ 달걀은 풀어서 설탕 1/2작은술, 소금과 맛술 약간, 물 1큰술을 넣고 고루 섞은 후 체에 거른다. 팬에 기름을 약간 두르고 약불에서 달걀말이를 하여 사각 기둥으로 만든다.
❻ 박고지는 따뜻한 물에 불려 잘 씻은 후 간장, 설탕, 맛술, 물을 넣고 조린 뒤 식혀서 꽈리를 틀어 놓는다.
❼ 김은 살짝 구워 김발 위에 놓고 초밥을 앞쪽으로부터 4/5 정도 깔리도록 편 다음 생선오보로를 중심에 뿌려 주고 달걀말이, 오이, 박고지를 가운데 오도록 말아 8등분으로 자른다.
❽ 접시에 청차조기잎을 깐 후 생강초로 장식하고 김초밥을 담는다.
❾ 간장을 곁들여 낸다.

시험시간 25분

달걀찜 [일식]

① 손질한 다시마를 찬물에 넣고 끓으면 건져내어 불을 끈 다음, 가다랑어포를 넣어 5분 정도 지나면 면보에 걸러 다시물을 만든다.
② 쑥갓은 물에 담그고 데칠 물을 준비한다.
③ 새우는 내장을 빼서 데친 후 껍질을 벗기고, 은행은 삶아서 껍질을 제거한다.
④ 흰 생선살은 소금과 청주로 밑간하고, 닭고기살도 발라서 간장과 청주에 재웠다가 각각 데친다.
⑤ 밤은 석쇠에 구워 껍질을 벗긴 후 1cm로 자르고, 어묵, 죽순, 표고버섯도 사방 1cm 크기로 썰어 데친다.
⑥ 달걀을 잘 푼 다음 소금, 청주, 맛술, 식힌 다시물을 넣어 간을 한 후 체에 내려 찜그릇에 담는다(달걀 : 다시물 = 1 : 2 정도).
⑦ 재료를 넣은 찜그릇을 냄비에 넣고 불을 약하게 하여 15분 정도 찐다.
⑧ 달걀 표면이 응고되면 오리발과 쑥갓잎을 얹는다.

 시험시간 30분

도미머리 맑은국 [일식]

① 도미는 내장을 제거하고 머리 부분을 반으로 갈라 소금을 뿌려 놓았다가 끓는 물에 데쳐 내어 비늘 및 이물질을 제거하고 물기가 빠지게 건진다.
② 대파는 흰 부분만 가늘게 채를 쳐서 찬물에 헹구어 놓는다. 죽순은 석회질을 제거한 후 소금물에 데쳐 찬물로 헹구어 내고 모양을 살려 0.2cm 두께로 썬다.
③ 레몬은 얇게 저며 오리발 모양을 만든다.
④ 물(2컵)에 다시마와 도미를 넣어 잠시 끓인 후 소금(1/3작은술), 청주(1작은술)로 간하고 간장으로 색을 낸다.
⑤ 완성 그릇에 도미머리와 죽순을 담고 국물을 70% 정도 부은 후 채 썬 대파를 올리고 오리발 모양의 레몬을 띄워 낸다.

 시험시간 30분

도미조림 [일식]

❶ 손질한 다시마는 찬물에 끓여 다시(국물)를 2컵 정도 만든다.
❷ 도미는 비늘을 긁고 내장을 빼낸 후 씻는다.
❸ 도미머리는 아가미 쪽으로 칼집을 넣어 반으로 가르고 몸통은 2등 분한다. 꼬리 쪽은 X자로 칼집을 넣고 소금을 뿌려준다.
❹ 우엉은 칼등으로 껍질을 벗긴 후 5cm 길이 나무젓가락 굵기로 모서리를 다듬고, 생강은 껍질을 벗기고 얇게 저며 가늘게 채 썰어 물에 담갔다가 건진다. 꽈리고추는 4~5cm 정도로 자른다.
❺ 도미머리와 꼬리 쪽을 뜨거운 물로 살짝 데쳐 비늘과 불순물을 잘 제거한다.
❻ 냄비에 준비된 우엉을 깔고 그 위에 도미를 넣은 후 재료가 잠길 정도의 다시물과 간장, 설탕, 청주, 맛술을 넣고 호일을 덮어 조린다.
❼ 어느 정도 생선살이 익으면 간장을 넣고 국물을 끼얹어 가며 윤기나게 조린다.
❽ 꽈리고추는 마지막에 살짝만 조려 초록색을 유지시킨다.
❾ 그릇에 도미와 채소를 보기 좋게 담고 물기를 제거한 생강채를 곁들여 낸다.

시험시간 30분

문어초회 [일식]

❶ 손질한 다시마를 찬물에 넣고 끓으면 건져내어 불을 끈 다음, 가다랑어포를 넣어 5분 정도 지나면 면보에 걸러 다시물을 만든다.
❷ 오이는 껍질을 알맞게 벗기고 양쪽 면에 칼집(자바라)을 넣은 후 소금물에 절인다. 미역은 물에 불린 후 끓는 물에 소금을 약간 넣어 데치고 찬물에 헹궈 김발에 말아 놓는다.
❸ 문어는 잘 씻어 끓는 물에 간장, 식초를 넣고 삶아 찬물에 식힌다.
❹ 삶은 문어는 껍질을 벗긴 후 얇게 4~5cm 길이로 물결 모양썰기한 후 자르고, 절인 오이는 길이로 2~3쪽 자르며, 미역도 4~5cm 길이로 자르고, 레몬은 반달 모양으로 자른다.
❺ 양념초는 다시물 3큰술, 간장 1큰술, 식초 1큰술, 설탕 1큰술을 살짝 끓여 식힌다.
❻ 완성 그릇에 데친 미역을 보기 좋게 썰어 놓고 오이와 자른 문어를 넣고 레몬을 곁들여 양념초간장(도사스)을 끼얹는다.

시험시간 20분

삼치 소금구이 [일식]

① 손질한 다시마는 찬물에 끓여 다시물을 만든다.
② 삼치는 세장 뜨기하여 뼈와 이물질을 제거한 후 껍질 쪽에 칼집을 넣고 소금을 뿌려둔다.
③ 우엉은 껍질을 칼등으로 긁어내고 5cm 나무젓가락 굵기로 잘라 모서리를 다듬어 찬물에 담가 우려낸다. 물기를 뺀 후 팬에 기름을 넣고 볶다가 청주, 간장, 설탕, 맛술, 다시물로 조려 양끝에 흰 참깨를 찍어서 묻혀준다.
④ 무는 원형으로 만들어 가로세로 칼집을 넣고 담금초에 담가 둔다.
⑤ 삼치에 간이 배이면 씻어 물기를 닦고 꼬챙이에 끼워 소금을 앞뒤로 살짝 뿌리고 살 쪽부터 앞뒤로 굽는다.
⑥ 삼치가 노릇하게 구워지면 접시에 깻잎을 깔고 삼치, 우엉조림, 무로 만든 국화꽃, 레몬을 곁들인다.

 시험시간 30분

생선초밥 [일식]

① 식초 3큰술, 설탕 2큰술, 소금 1작은술로 배합초를 끓여 일부는 식기 전에 밥에 버무리고, 나머지 배합초는 데친 생강을 담가 초생강을 만든다.
② 생강은 얇게 편으로 썬 후 끓는 물에 약간의 소금을 넣고 데쳐낸다.
③ 고추냉이는 찬물로 되직하게 개어 놓는다.
④ 새우는 내장을 제거하고 대꼬챙이를 꽂아 물에 소금을 넣고 삶아 익으면 식혀서 대꼬챙이를 뺀다. 꼬리 쪽 한 마디만 남기고 껍질을 벗긴 후 배 쪽에 칼집을 넣어 넓적하게 펼친다.
⑤ 참치는 소금물에 담갔다가 해동한 후 건져 면보에 싸둔 후 결 반대 방향으로 두께 5mm, 가로·세로 7cm×3cm로 비스듬히 포를 뜬다.
⑥ 문어는 진간장으로 색을 내고 식초, 설탕을 약간 넣어 삶은 후 껍질을 벗겨 두께 2~3mm, 가로·세로 길이 7cm×3cm로 물결 모양의 포를 뜬다.
⑦ 학꽁치는 껍질을 칼등으로 벗겨 길이 7cm로 자른 다음 등 쪽에 잔칼집을 넣는다.
⑧ 도미와 광어살은 손질한 후 껍질을 벗겨 두께 2~3mm, 가로·세로 7cm×3cm로 포를 뜬다.
⑨ 오른손으로 밥을 쥔 다음 생선을 왼손에 잡는다. 오른손 검지 손가락으로 고추냉이를 묻혀 생선살의 중앙에 바르고 그 위에 밥을 놓아 모양을 잡는다.
⑩ 완성 그릇에 생선초밥을 모양 있게 담은 후 오른쪽 앞에 청차조기잎을 깔고 초생강으로 장식하며, 간장은 따로 곁들인다.

 시험시간 40분

소고기 간장구이 [일식]

1. 손질한 다시마는 찬물에 끓여 다시물을 만든다.
2. 다시물, 청주, 간장, 설탕, 맛술을 넣고 절반 정도의 양이 되도록 졸인다.
3. 소고기는 핏물을 제거한 후 오그라들지 않도록 칼집을 넣은 후 소금, 후추를 뿌려둔다.
4. 생강은 얇게 저며 채 썰어 찬물에 담갔다가 건진다.
5. 팬에 기름을 두르고 달구어지면 소고기를 애벌구이하고 양념간장을 조금씩 부어가며 중간(미디엄)으로 익힌다.
6. 익힌 고기를 두께 1.5cm, 길이 3cm 정도로 저며 완성 그릇에 담고 소스를 그 위에 흐르지 않게 덧바른 후 산초가루를 뿌리고 깻잎과 생강채를 곁들여 완성한다.

시험시간 20분

소고기 덮밥 [일식]

1. 손질한 다시마를 찬물에 넣고 끓으면 건져내어 불을 끈 다음, 가다랑어포를 넣어 5분 정도 지나면 면보에 걸러 다시물을 만든다.
2. 양파는 얇게 채 썰고 팽이버섯은 밑동을 제거하여 3~4cm 길이로 자른다. 실파도 3cm 정도로 어슷썰기하며 소고기는 결 반대로 얄팍하게 썰어 핏물을 제거한다.
3. 냄비에 다시물 1/2컵, 간장 1큰술, 맛술 1큰술, 설탕 1큰술을 넣어 덮밥용 양념간장(덮밥다시)을 만든다.
4. 냄비의 덮밥다시에 양파, 실파, 소고기, 팽이버섯 순으로 넣고 익힌다. 어느 정도 익으면 달걀의 알끈을 제거한 후 부드럽게 풀고 끼얹어 반 정도 익힌다.
5. 달걀이 반 정도 익으면 불을 끄고, 국자로 모양이 흩어지지 않도록 조심스럽게 밥을 얹은 다음 모양을 보기 좋게 한다.
6. 김은 살짝 구워 4cm 정도로 채 썰어(하리노리) 올린다.

시험시간 30분

도미술찜 [일식]

1. 다시마를 손질하여 찬물에 끓여 다시(국물)를 한 컵 정도 만든다.
2. 도미는 비늘과 지느러미를 제거하고, 머리를 먼저 잘라 머리 쪽에서 배꼽까지 세장 뜨기하여 준비한다. 꼬리 쪽은 열십자 칼집을 넣고 소금을 뿌려둔다.
3. 당근은 매화꽃, 무는 은행잎 모양을 만들어 반 정도 삶는다. 배추, 쑥갓줄기 일부는 반 정도 삶아서 배추 위에 쑥갓을 얹고 김발로 말아 어슷하게 썰고, 마지막에 얹을 쑥갓 고갱이는 물에 담근다.
4. 표고버섯은 별 모양을 만들어 데치고, 죽순은 빗살 모양으로 썰어 데친다. 두부는 5cm 길이의 직사각형으로 도톰하게 썬다.
5. 소금을 뿌려 두었던 도미는 뜨거운 물을 살짝 끼얹은 후 찬물에 깨끗이 씻어 불순물을 제거한다.
6. 접시에 다시마를 깔고 배추말이, 도미, 죽순, 표고버섯, 무, 당근, 두부를 보기 좋게 담고, 술찜 소스를 넣어 찜통에 10분 정도 찐 후 쑥갓을 올려낸다.
7. 다시물 1큰술, 간장·식초 1큰술로 폰즈(혹은 지리스)소스를 만든다.
8. 레몬은 반달 모양으로 썰고, 실파는 송송 썬 후 찬물에 헹궈 물기를 제거한다. 무는 즙을 내어 고운 고춧가루로 물을 들여 모양을 낸다(모미지오로시).

시험시간 30분

대합 맑은국 [일식]

1. 쑥갓은 찬물에 담그고 백합조개는 소금물에 해감한다.
2. 찬물 2컵에 백합조개와 다시마를 넣고 약한 불에서 끓인다. 끓어오르면 거품을 제거한 후 다시마는 건지고, 백합조개도 입을 벌리면 건져내어 살이 있는 쪽만 완성 그릇에 담는다.
3. 레몬으로 오리발 모양을 만든다.
4. 조개 국물은 면보에 걸러 국간장으로 색을 내고 청주 1작은술, 소금 1/3작은술을 넣어 맛을 낸다.
5. 완성 그릇에 조개를 담고 조개 국물을 70% 정도 부은 후 그 위에 쑥갓과 레몬 오리발을 띄운다.

시험시간 20분

참치 김초밥 [일식]

❶ 청차조기잎은 물에 담그고 배합초를 만든다.
❷ 배합초를 끓여 일부는 식기 전에 밥에 버무려 젖은 면보를 덮어두고, 나머지 배합초는 데친 생강을 담가 초생강을 만든다.
❸ 참치는 소금물에 담갔다가 해동한 후 면보에 싸 둔다.
❹ 생강은 얇게 편으로 썬 후 끓는 소금물에 데쳐낸다.
❺ 고추냉이(와사비)는 동량의 물을 넣어 되직하게 개어 놓는다.
❻ 참치는 김 길이에 맞춰 자르고, 김은 살짝 구워 반으로 잘라 둔다.
❼ 김발 위에 반으로 자른 김을 놓고, 초밥이 4/5 정도 깔리도록 골고루 편 다음 초밥 중앙보다 약간 밑에 길게 고추냉이를 바른다. 그 위에 참치를 놓고 단번에 말아서 네모지게 모양을 잡은 후 6등분으로 자른다. 나머지 반 장도 똑같은 방법으로 6등분해서 모두 12개의 참치 김초밥을 만든다.
❽ 완성 그릇에 참치 김초밥을 보기 좋게 담고 청차조기잎를 깔고 초생강으로 장식한다. 간장을 곁들여 낸다.

시험시간 20분

해삼초회 [일식]

❶ 손질한 다시마를 찬물에 넣고 끓으면 건져내어 불을 끈 다음, 가다랑어포를 넣어 5분 정도 지나면 면보에 걸러 다시물을 만든다.
❷ 미역은 물에 불린다.
❸ 오이는 양쪽 면에 각각 2/3 정도 깊이로 어슷하게 칼집을 넣은 후 소금물에 절인다. 미역은 끓는 물에 소금을 약간 넣고 데쳐 찬물에 헹군다.
❹ 오이는 수분을 제거하여 2cm 길이로 2~3쪽 준비하고, 미역은 김발을 이용하여 말아 준 다음 4~5cm 길이로 자른다.
❺ 해삼은 배 쪽에 칼집을 넣고 내장, 힘줄, 모래집을 빼낸 후 양끝을 잘라내고 소금으로 주물러 씻은 후 물로 씻는다. 해삼은 3등분 정도로 먹기 좋게 자른다.
❻ 폰즈(다시물 1큰술, 간장 1큰술, 식초 1큰술)를 만든다. 레몬은 반달 모양으로 1쪽을 준비하고, 실파는 송송 썬 후 찬물에 헹궈 물기를 제거한다. 무는 즙을 내어 고운 고춧가루로 물을 들여 모양을 낸다 (모미지오로시).
❼ 완성 그릇에 오이·미역을 담고, 앞쪽에 해삼을 담는다.
❽ 야쿠미(고명)를 앞쪽에 놓고 폰즈(혹은 지리스)를 끼얹는다.

시험시간 20분

된장국 [일식]

① 손질한 다시마를 찬물에 넣고 끓으면 건져내어 불을 끈 다음, 가다랑어포를 넣어 5분 정도 지나면 면보에 걸러 다시물을 만든다.
② 미역은 물에 불려 놓는다.
③ 두부는 사방 1cm의 주사위 모양으로 썬다.
④ 미역은 끓는 물에 데친 다음 찬물에 헹궈 2~3cm 정도로 자르고 두부를 살짝 데친다.
⑤ 실파는 송송 썬다.
⑥ 다시물이 끓으면 일본된장을 체에 밭쳐 푼다. 된장국이 끓어오르면 거품을 제거하고 청주(비린내 제거)로 맛을 낸다. 그리고 면보 없이 다시 한번 체에 거른다.
⑦ 완성 그릇에 두부와 미역을 담고 된장국을 끓여 부은 후 실파와 산초가루를 뿌려낸다.

 시험시간 20분

달걀말이 [일식]

① 손질한 다시마를 찬물에 넣고 끓으면 건져내어 불을 끈 다음, 가다랑어포를 넣어 우러나면 면보에 걸러 다시물을 만든다.
② 볼에 달걀을 넣고 풀어서 식힌 가다랑어 국물, 소금, 맛술, 설탕 등을 섞어 체에 내린다.
③ 사각팬에 식용유를 충분히 넣고 약불에서 은근히 달군 후 기름을 따라내고 종이타월이나 면보로 닦아낸다.
④ 충분히 달구어진 사각팬에 식용유를 넉넉히 넣고 달걀물을 60mL 정도 떠서 넣은 후 고르게 편다. 달걀물을 약 60% 익힌 상태에서 사각팬 머리를 들어 대젓가락으로 달걀 안쪽으로 한 쪽만 넣은 다음 손목을 이용하여 살짝 튕기듯 조그맣게 만다.
⑤ 이후 비어 있는 팬 위쪽에 기름을 바르고 달걀말이를 위쪽으로 밀어준 다음 앞쪽에 기름을 두르고 달걀물 60mL 정도를 부어 같은 방법으로 계속 말아낸다.
⑥ 달걀말이는 김발로 감싸서 모양을 사각으로 잡아준다. 그대로 식혀 달걀말이는 높이 2.5cm, 두께 1cm 크기로 썰어서 8개를 만든다.
⑦ 무는 강판에 갈아 즙을 만들어 찬물에 살짝 씻어 물기를 가볍게 제거한 다음 간장을 넣어 간장 무즙을 만든다.
⑧ 완성된 접시에 청차조기잎을 깐 후 달걀말이를 담고 간장 무즙을 곁들여서 완성한다.

 시험시간 25분

우동볶음(야끼우동) [일식]

❶ 갑오징어(오징어)는 껍질을 제거하고 안쪽에 솔방울 무늬로 칼집을 넣어 1cm×4cm 크기로 썰어 데친다.
❷ 새우는 껍질과 내장을 제거하고 삶는다.
❸ 숙주는 머리꼬리를 뗀다. 양파, 당근, 피망은 1cm×4cm 길이로 썰고 표고버섯은 편으로 썬다.
❹ 우동은 넉넉한 물에 넣고 충분히 잘 삶아 놓는다.
❺ 팬을 달구어 식용유를 두르고 양파, 당근, 숙주, 표고버섯, 피망, 새우살의 순으로 넣고, 데친 오징어를 넣어 잘 어우러지게 볶다가 마지막으로 우동을 넣어 볶는다.
❻ ❺에 간장, 소금, 청주, 맛술로 맛을 내고 참기름을 넣어 마무리한다.
❼ ❻을 완성 그릇에 담고 가다랑어포를 고명으로 얹어낸다.

 시험시간 30분

메밀국수(자루소바) [일식]

❶ 냄비에 손질한 다시마를 넣고 끓으면 건져 내고, 가쓰오부시를 넣어 5분 정도 지나면 면보에 걸러 기본 다시국물을 만든다.
❷ 소바다시는 기본 다시국물에 간장, 청주, 설탕, 맛술(미림)을 넣어 살짝 끓인 후 차게 식힌다.
❸ 무는 강판에 갈아 체에 올린 후 찬물에 헹구어 물기를 제거하고, 실파는 잘게 썰어 물에 씻어 둔다.
❹ 김은 가늘게 채 썰어 놓고, 고추냉이(와사비)는 찬물에 개어 놓는다.
❺ 메밀국수는 삶아서 얼음물에 헹구고 김발 위에 담아내어 잘게 썬 김을 얹어 낸다.
❻ 양념(야쿠미)으로 무즙, 실파, 고추냉이(와사비), 소바다시를 각각 따로 담아낸다.

 시험시간 30분

전복버터구이 [일식]

1. 청차조기잎(깻잎)은 찬물에 담가둔다.
2. 전복은 소금으로 비벼 깨끗이 씻고, 얇은 쪽의 껍질과 살 사이에 숟가락을 넣어 껍질과 살을 분리한다.
3. 분리한 살에서 내장을 분류시키고, 전복의 입을 도려내고 내장에 붙은 모래주머니도 제거한다.
4. 양파와 청피망은 전복 크기로 썰고 은행은 볶아서 속껍질을 벗겨낸다.
5. 손질한 전복살은 한입 크기로 어슷하게 썰어 준비하고 내장은 끓는 물에 데친다.
6. 팬에 식용유를 두르고 뜨거워지면 양파, 피망을 넣어 볶은 후 전복과 내장을 넣는다.
7. ❻에 소금, 검은 후춧가루로 간을 한 후 청주를 살짝 뿌려 맛을 내고 버터를 2회 정도 나누어 넣어 볶는다.
8. 접시에 물기를 제거한 청차조기잎(깻잎)을 깔고 버터구이한 전복에 내장, 은행을 담아 마무리한다.

 시험시간 25분

좋은 책을 만드는 길
독자님과 함께하겠습니다.

도서나 동영상에 궁금한 점, 아쉬운 점, 만족스러운 점이
있으시다면 어떤 의견이라도 말씀해 주세요.
SD에듀는 독자님의 의견을 모아 더 좋은 책으로 보답하겠습니다.

www.sdedu.co.kr

중식·일식조리기능사 실기 한권합격

개정2판1쇄 발행	2023년 01월 05일 (인쇄 2022년 10월 21일)
초 판 발 행	2018년 03월 05일 (인쇄 2018년 01월 19일)
발 행 인	박영일
책 임 편 집	이해욱
저 자	배은자 · 송정애 · 김아현
편 집 진 행	윤진영 · 김미애
표지디자인	권은경 · 길전홍선
편집디자인	권은경 · 길전홍선
발 행 처	(주)시대고시기획
출 판 등 록	제10-1521호
주 소	서울시 마포구 큰우물로 75 [도화동 538 성지 B/D] 9F
전 화	1600-3600
팩 스	02-701-8823
홈 페 이 지	www.sdedu.co.kr
I S B N	979-11-383-3550-8(13590)
정 가	24,000원

※ 저자와의 협의에 의해 인지를 생략합니다.
※ 이 책은 저작권법에 의해 보호를 받는 저작물이므로 동영상 제작 및 무단전재와 복제를 금합니다.
※ 잘못된 책은 구입하신 서점에서 바꾸어 드립니다.

조리기능사 합격은 SD에듀가 답이다!

**조리기능사 필기
초단기완성**
(한식 · 양식 · 중식 · 일식 통합서)

▶ NCS 기반 최신 출제기준 반영
▶ 과목별 주요 이론 및 기출문제 수록
▶ 19,000원

**'답'만 외우는
한식조리기능사 필기
기출문제+모의고사**

▶ 핵심요약집 빨리보는 간단한 키워드 수록
▶ 기출복원문제 7회+모의고사 7회 구성
▶ 15,000원

**'답'만 외우는
양식조리기능사 필기
기출문제+모의고사**

▶ 핵심요약집 빨리보는 간단한 키워드 수록
▶ 기출복원문제 7회+모의고사 7회 구성
▶ 15,000원

**한식조리기능사 실기
단기완성**

▶ 상세한 조리과정과 합격 팁 수록
▶ 저자 직강 무료 동영상 강의 제공
▶ 20,000원

**양식조리기능사 실기
한권합격**

▶ 상세한 조리과정과 합격 팁 수록
▶ 저자 직강 무료 동영상 강의 제공
▶ 18,000원

**중식 · 일식조리기능사 실기
한권합격**

▶ 상세한 조리과정과 합격 팁 수록
▶ 저자 직강 무료 동영상 강의 제공
▶ 24,000원

※ 도서 이미지와 가격은 변경될 수 있습니다.

조리기능사 실기시험

따라만 하면 쉽게 **합격**할 수 있습니다!

국가공인 조리기능장 배은자 쌤의

합격비법 쏙쏙!
무료 동영상 강의!

시대 Plus+와 함께하는 무료 동영상 강의 수강방법
1. www.edusd.co.kr/sidaeplus 접속 → 회원가입 → 로그인
2. 자격증 → 기능사/산업기사 → 조리기능사 카테고리 클릭
3. 강의목록 클릭 후 원하는 강의 수강

동영상이 재생되지 않는다면 전화 **1600-3600**이나 SD에듀 홈페이지(**www.edusd.co.kr**)로 문의주시면 동영상을 보실 수 있도록 도와드립니다.